Helge Weber

Sauerstoffmessung für OC- und Rebreather-Taucher

2. Auflage

Copyright

Alle in diesem Buch enthaltenen Daten, Formeln, Tabellen, Schaltungen etc. wurden von dem Verfasser nach bestem Wissen zusammengestellt, entwickelt und geprüft. Die Lektoren haben das Buch ebenso nach bestem Wissen mit der größtmöglichen Sorgfalt geprüft. Dennoch können inhaltliche Fehler nicht ausgeschlossen werden. Sämtliche Angaben erfolgen ohne jegliche Verpflichtung des Autors. Der Autor übernimmt daher keinerlei Verantwortung und Haftung für jegliche inhaltliche Unrichtigkeiten und daraus entstehende Schäden. Hinweise und Verbesserungsvorschläge nimmt der Autor gerne an. Diese können am besten via e-mail an seine Adresse tauchen@bez-g-w-v.DLRG.de gesendet werden.

Alle Rechte, insbesondere das Recht der Vervielfältigung und Verbreitung sowie der Übersetzung, bleiben vorbehalten. Kein Teil des Werkes darf in irgendeiner Form (durch Fotokopie, Mikrofilm oder ein anderes Verfahren) ohne schriftliche Genehmigung des Autors reproduziert oder unter Verwendung elektronischer Systeme verarbeitet, vervielfältigt oder verbreitet werden.

2. Auflage September 2008

Impressum

© 2006, 2008 Helge Weber

Herstellung und Verlag:	Books on Demand GmbH, Norderstedt
Lektorat:	Matthias Leßmann, RAB Rebreather Trainer Uwe Leßmann, RAB Instructor Trainer Frauke Weber Dr. Frank Westerfeld, CMAS/DLRG TL1
Abbildungen:	© Helge Weber, soweit nicht anders gekennzeichnet
ISBN-13:	978-3-8370-3307-6

Bibliografische Information Der Deutschen Bibliothek:
Die deutsche Bibliothek verzeichnet diese Publikation in der Deutschen Nationalbibliografie; detaillierte bibliografische Daten sind im Internet über http://dnb.ddb.de abrufbar.

Danksagungen

Auch bei diesem Werk hatte ich das Glück, dass viele Freunde und Bekannte mich ermutigten und mir mit Rat und Tat zur Seite standen. Für die wertvolle Mithilfe bei der Überarbeitung und Korrektur meines Manuskriptes möchte ich mich zunächst bei den Lektoren bedanken.

Ich möchte mich an dieser Stelle auch bei allen Personen, Freunden und Bekannten bedanken, die mich bei meinen zahllosen Tauchgängen begleitet haben und meine Ausbildung zum Taucher, Rettungstaucher und Tauchlehrer gefördert haben.

Mein erster Dank gilt hier Norbert Bornträger. Bei Norbert habe ich mir 1987 meinen Sporttauchschein bzw. das Elementar/CMAS * erarbeitet. Norbert ist im Februar 2006 bei einem tragischen Tauchunfall unter Eis ums Leben gekommen. Er wird mir stets in Erinnerung bleiben.

Mein nächster Dank gilt meinen Ausbildern im Bereich Tauchen der Deutschen-Lebens-Rettungs-Gesellschaft; dem Technischen Leiter Einsatz des Landesverbandes Hessen e.V., Willi Vogt, sowie dem Landesverbands-Tauchwart Bernd Rohrbach.

Besonderer Dank gilt Marc Lembke von IANTD-Germany. Bei seinen Kursen „Normoxic Trimix Diver" und „Trimix Diver" habe ich meine Grenzen im Bereich des Tauchens erfahren dürfen und auch gelernt, wie diese Grenzen schrittweise erweitert werden können.

Während meiner weit über tausend Tauchgänge habe ich an allen erdenklichen Tauchgewässern sowie bei Seminaren verschiedener Tauchverbände viele nette Taucher und Tauchlehrer kennengelernt. Leider ist die Zeit zu knapp, alle auf diesem Wege entstandenen Freundschaften intensiv pflegen zu können. Stellvertretend möchte ich mich hier bedanken bei: (Barakuda) Ruth Balzer (†), Thomas Kromp, Oliver Mielke, (VDST) Rainer Scheel, Derk Remmers, Maren Isigkeit, Martin Grosch, Doris Brelowski, Frank Ostheimer, Andreas Stramka, Volker Maier, (VDTL) Peter Anders, (RAB) Thorsten Meier sowie (NRC) Julian Ortega Godoy.

Keinesfalls möchte ich die drei Freunde vergessen, die auch außerhalb des Wassers immer für mich da waren und sind: Norbert Faust, Dr. Frank Westerfeld und Britta Heinze.

Dieses Buch widme ich demjenigen, der mir die erste Taucherbrille „überlassen" hat.

Verfasser

Helge Weber, geb. 1966, ist gelernter Elektroniker und Betriebswirt (HWK) und als Sitemanager für Elektro- und Automatisierungssysteme im Bereich Stahl- und Warmwalzwerke selbständig tätig.
Er ist seit über zwanzig Jahren aktiver Rettungstaucher in der Deutschen-Lebens-Rettungs-Gesellschaft und Bezirkstauchwart des DLRG-Bezirkes Giessen-Wetterau-Vogelsberg e.V.. Neben der Tauchlehrerlizenz CMAS/DLRG TaL** ist Helge Weber „Advanced-Nitrox-Instructor" und „CCR-100-Instructor" des Barakuda-Aquanautic-Club. Eine weitere Lizensierung als Rebreather-Trainer für SCR und CCR erfolgte durch das Rebreather-Advisory-Board e.V. (RAB). Das RAB (Rebreather Advisory Board e.V.) ist ein Expertengremium mit der Zielsetzung der Ausbildung und Zertifizierung des Rebreather-Tauchens nach allgemein gültigen und weltweit anerkannten Richtlinien.
Die Ausbildung und Brevetierung zum „Full-Trimix-Diver" erfolgte durch IANTD; die Ausbildung und Brevetierung zum „Full-Cave-Diver" erfolgte durch die NACD sowie die NSS/CDS.

Verfasser (Manatee Spring 2007)

Inhaltsverzeichnis

Copyright 2

Danksagungen 3

Verfasser 4

Inhaltsverzeichnis 5

Vorwort 8

Vorwort zur 2. Auflage 9

Teil 1   Der elektrochemische Sensor 10

    1.0   Prinzipien der Sauerstoffmessung 11
    1.1   Das elektrochemische Prinzip des Sauerstoffsensors 12
    1.2   Die Ausgangskennlinie des Sauerstoffsensors 13
    1.3   Typische Daten eines Sauerstoffsensors 14
    1.4   Hinweise zu Sauerstoffsensoren 15
        1.4.1   Temperaturkompensation 15
        1.4.2   Lastwiderstand 15
        1.4.3   Lebensdauer 15
        1.4.4   Lagerung 16
        1.4.5   Sicherheitshinweise 16
    1.5   Elektrische Simulation eines Sensors 17

Teil 2   Sauerstoffmessgerät für die Analyse von Nitrox 18

    2.0   Aufbau eines einfachen Messgerätes zur Analyse von Nitrox 19
    2.1   Sauerstoffmessgerät 20
        2.1.1   Verstärkerschaltung 20
        2.1.2   Kalibrierung 20
        2.1.3   Anzeigeinstrument 21
        2.1.4   Ausführung des Sauerstoffmessgerätes 21
    2.2   Ablauf der Gasanalyse 23
    2.3   Mögliche Fehlerursachen bei der Messung 26
    2.4   Hinweise zur Entnahme der Gase 27
    2.5   Etikettierung des DTG/STG 32
    2.6   Messgeräte zur Bestimmung des Helium-Anteils in Triox und Trimix 35

Teil 3   Sauerstoffmessgeräte für Kreislaufgeräte vom Typ SCR und CCR 36

    3.0   **Einteilung der Kreislauftauchgeräte** 37

    4.1   **Selbstbau eines Messgerätes zur Überwachung des ppO_2** 47

        4.1.0   Gerätebeschreibung 49

4.1.1	Anzeigeeinheit	51
4.1.2	Sensoreinheiten	55
4.1.2.1	Sensoreinheit für das „Dräger Dolphin"	55
4.1.2.2	Sensoreinheit für das „Dräger Atlantis"	55
4.1.2.3.	Sensoreinheit für das „Dräger Ray"	56
4.1.2.4	Sensoreinheit für das „Submatix SCR 100 ST"	57
4.1.3	Sensoreinheit zur Analyse von Nitrox	58
4.1.4	Vorbereitung und Gebrauch beim Tauchen	59
4.1.4.1	Berücksichtigung der Höhenbereiche bzw. des Luftdruckes	60
4.1.5	Tauchpraxis mit dem ppO_2-Monitor	61

4.2 Messgerät zur Überwachung des ppO_2 "Oxyscan 100 Pro A" 63

4.2.1	Anzeigeeinheit des „Oxyscan 100 Pro A"	63
4.2.2	Vorbereitung und Gebrauch beim Tauchen (kalibrieren)	64

4.3 ppO_2-Messung in einem mCCR 65

4.3.1	Redundanz der ppO_2-Überwachung	65
4.3.2	Multisensorkopf MSK	67
4.3.3	Komplette Elektronikkonfiguration für einen mCCR	68
4.3.4	Vorbereitung und Gebrauch beim Tauchen (kalibrieren)	70

4.4 ppO_2-Messung und Steuerung in einem emCCR 73

4.5 ppO_2-Messung und Regelung in einem eCCR 75

4.6 Tauchcomputer mit Anschluss an CCR 78

4.7 Ausblick auf zukünftige Entwicklungen 79

Anhang 80

Anhang 1	Partialdruck O_2 verschiedener Standard-Nitroxgemische	81
Anhang 2	Partialdrücke O_2 und N_2 bei EAN32	82
Anhang 3	Partialdrücke O_2 und N_2 bei EAN36	83
Anhang 4	Partialdrücke O_2 und N_2 bei EAN40	84
Anhang 5	Partialdrücke O_2 und N_2 bei EAN50	85
Anhang 6	Partialdrücke O_2 und N_2 bei EAN60	86
Anhang 7	Partialdrücke O_2 und N_2 bei EAN80	87
Anhang 8	Partialdrücke O_2 und N_2 bei reinem Sauerstoff	88
Anhang 9	Partialdrücke O_2, He und N_2 bei TMX 20/45 (Standardgas CCR)	89
Anhang 10	Partialdrücke O_2, He und N_2 bei TMX 14/60 (Standardgas CCR)	90
Anhang 11	Partialdrücke O_2, He und N_2 bei TMX 10/65 (Standardgas CCR)	91
Anhang 12	Partialdrücke O_2, He und N_2 bei TMX 21/35 (Standardgas)	92
Anhang 13	Partialdrücke O_2, He und N_2 bei TMX 18/45 (Standardgas)	93
Anhang 14	Partialdrücke O_2, He und N_2 bei TMX 15/55 (Standardgas)	94
Anhang 15	Partialdrücke O_2, He und N_2 bei TMX 10/70 (Standardgas)	95
Anhang 16	Partialdrücke O_2, He und N_2 bei TMX 50/25 (Standardgas Deko)	96
Anhang 17	Partialdrücke O_2, He und N_2 bei TMX 35/25 (Standardgas Deko)	97
Anhang 18	Prüfprotokoll ppO_2-Monitor - Blatt 1	98
Anhang 18	Prüfprotokoll ppO_2-Monitor - Blatt 2	99

Anhang 19	**Prüfprotokoll ppO$_2$-Monitor mit Daten - Blatt 1**	100
Anhang 20	**Vergleichstabelle Sensoren 1**	103
Anhang 21	**Vergleichstabelle Sensoren – Geräte**	106

Literaturverzeichnis 107

Abkürzungen 109

Abbildungsverzeichnis 111

Links im Internet 113

Vorwort

Das Tauchen mit Nitrox und Rebreathern erfreut sich immer größerer Beliebtheit und technisch Interessierten stellt sich unter anderem die Frage: „Wie funktioniert das mit der Messung des Sauerstoffanteils eigentlich genau?".
Bereits 2001 verfasste ich eine Lehrunterlage „Praxis des Gase mischen" sowie einen Aufsatz „Grundlagen und ein einfaches Messgerät zur Bestimmung des O_2-Anteils von Nitrox". Seit dem konnte ich Einiges an Erfahrung im Bereich des Gase Mischens, der Gasanalyse sowie der Bestimmung des ppO_2-Anteils in Rebreathern hinzugewinnen. Dieses Wissen und diese Erfahrung möchte ich gerne an interessierte Taucher und Tauchlehrer weitergeben.
Tauchen, tauchen mit Nitrox und anderen Mischgasen sowie das Tauchen mit Kreislaufgeräten bzw. Rebreathern ist eine mit Gefahren verbundene Sportart und kann bei fehlerhafter Planung und Ausführung zu erheblichen gesundheitlichen Schädigungen bis hin zum Tode führen!
Dieses Buch ersetzt keine qualifizierte Ausbildung wie Nitrox *, Nitrox **, Triox und Gasblender nach den Standards der CMAS Germany e.V., wie sie zum Beispiel durch die Tauchsportverbände Barakuda und den VDST durchgeführt wird; genau so wenig ersetzt sie eine Ausbildung im Umgang mit Rebreathern bzw. Kreislaufgeräten, wie diese durch den R.A.B. praktiziert wird. Dieses Werk ist als Ergänzung zu den Ausbildungsunterlagen der Verbände zu sehen.
Teil 1 und Teil 2 sollen detailliert mit der Thematik der Sauerstoffmessung vertraut machen und dazu verhelfen, Messergebnisse besser und sicherer interpretieren zu können. Technisch Interessierte können sich mit relativ einfachen Mitteln selbst ein Messgerät zur Bestimmung des O_2-Anteils von Nitrox bzw. Mischgasen wie Triox und Trimix herstellen.
Teil 3 beschreibt verschiedene Messgeräte für den Sauerstoffpartialdruck (ppO_2) in Kreislauftauchgeräten vom Typ SCR (Semi-Closed-Rebreather) und CCR (Closed-Circuit-Rebreather). Viele SCR`s werden heute immer noch ohne $ppO_2$-Monitoren getaucht. Leider hat dieses auch zu einigen tödlichen Unfällen geführt, welche mit einem entsprechenden Überwachungsgerät wahrscheinlich hätten verhindert werden können. Spätestens beim Einsatz von CCR`s sind entsprechend redundante Überwachungseinrichtungen unumgänglich!

Vorwort zur 2. Auflage

"Nichts in der Geschichte des Lebens ist beständiger als der Wandel."

(Charles Darwin)

Die erste Auflage des Buches ist kaum zwei Jahre alt und vor zwei Jahren habe ich nicht ansatzweise daran gedacht, das Werk in Kürze zu überarbeiten bzw. ergänzen zu müssen.
Die erste Auflage des Buches wird weiterhin erhältlich bleiben. Aus diesem Grunde hat diese 2. Auflage eine eigene ISBN-Nummer erhalten. Somit bleibt für OC-Taucher, welche nicht an Rebreathern interessiert sind, eine einfache Variante weiterhin erhältlich.
Die Firma Dräger hat die Produktion der Geräte Dolphin und Ray für die nichtmilitärische Nutzung eingestellt. Neue interessante Systeme sind auf dem Markt; u. a. das Submatix SCR 100 ST und die Weiterentwicklung als CCR, 100 SMS. Insbesondere die CCR`s machen die Erweiterung des Buches erforderlich. Die neuen CCR`s erfordern ein Umdenken bzw. eine Erweiterung der Messtechnik, um den Tauchsport mit diesen Geräten sicher zu gestalten.
Mit den Ergänzungen wird das gesamte Wissen, welches SCR- und CCR-User sowie SCR- und CCR-Trainer für den sicheren Umgang mit den Systemen benötigen, zur Verfügung gestellt. Das Buch wird vom RAB als Lehrmaterial für die SCR- und CCR-Kurse empfohlen.
Ergänzt wurden die Tabellen im Anhang um standardisierte Trimix-Grund- und Dekompressionsgemische bis zu einer Einsatztiefe von 80 m. Der Einsatz der CCR-Technik verschiebt die Grenze der SCR-Technik von 40 m in den Bereich um 100 m und mehr.
Besonders bedanken möchte ich mich bei Matthias und Uwe Leßmann der SUBMATIX GmbH & Co. KG für das Lektorat sowie die wertvollen Hinweise. Ebenso gilt Oliver Höfer Dank; Oliver ist für den Fachbereich Ausbildung des RAB verantwortlich.

Wie lange es wohl dauert, bis die nächste Ergänzung erforderlich ist?

Teil 1   Der elektrochemische Sensor

1.0 Prinzipien der Sauerstoffmessung

In Technik und Wissenschaft gibt es die verschiedensten Verfahren zur Bestimmung des Sauerstoffgehaltes eines Gases. Unter anderem gelangt das Wärmeleitverfahren, das paramagnetische Prinzip, die Gaschromatographie oder die Massenspektroskopie zum Einsatz.

Ein gemeinsames Merkmal der vorgenannten Messverfahren ist der hohe Preis der Systeme, daher sind diese Verfahren im Sporttauchbereich nicht anwendbar. Ein Sensor, wie er seit vielen Jahren in der Medizintechnik erfolgreich eingesetzt wird, ist der elektrochemische Sensor, auch „micro fuel cell" genannt. Bereits 1964 wurde eine "micro fuel cell" durch das amerikanische Unternehmen Teledyne Analytical Instruments zum Patent angemeldet. Dieser elektrochemische Sensor wird in der Tauchtechnik praktisch angewendet und ist die Basis für die in diesem Buch beschriebenen Messgeräte.

Das Innenleben des Sensors besteht im Wesentlichen aus einer Teflonmembrane, einer Goldkatode und einer Bleianode. Die O_2-Moleküle diffundieren durch die Teflonmembrane und werden an der Goldkatode elektrochemisch reduziert; die dafür benötigten Elektronen werden durch die Oxidation der Bleianode erzeugt. Es entsteht ein Ionenfluss von Kationen und Anionen zur Katode bzw. Anode. Der Ionenfluss erzeugt einen Strom. Dieser Strom wird umso größer, je mehr O_2-Moleküle diffundieren. Die Stromwandlung erfolgt über einen Widerstand.

Bild 01

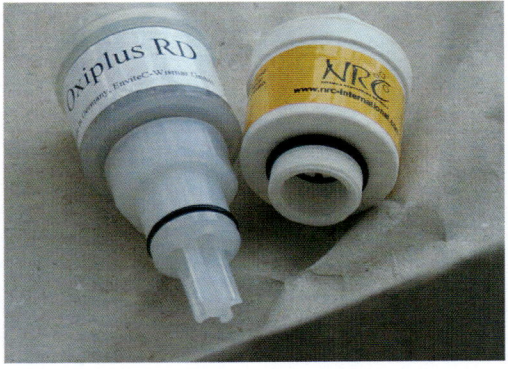
Bild 02

Bild 01 zeigt einen elektrochemischen Sensor aus dem Hause EnviteC-Wismar GmbH (nachfolgend EnviteC genannt) nebst Flow-Diverter in seiner geöffneten Verpackung. Bild 02 zeigt zwei Sensoren; an den linken Sensor ist der Flow-Diverter geschraubt.

Sicherheitshinweis: Die elektrochemischen Sensoren dürfen auf keinen Fall geöffnet werden!

Für genauer arbeitende Mess-Systeme, die für den Sporttaucher noch halbwegs erschwinglich sind, möchte ich auf den *Paracube® „Diffusion Paramagnetic Oxygen Transducer"* aus dem Hause *„Servomex"* hinweisen. Mit diesem auf paramagnetischer Basis arbeitenden Geber lassen sich Messgenauigkeiten von ca. ± 0,2% bei einem Sauerstoffgehalt von 15 bis 100% und von ca. ± 0,4% bei einem Sauerstoffgehalt von 0 bis 15% erzielen.

Bild 03   Elektrochemischer Sensor am Voltmeter

1.1   Das elektrochemische Prinzip des Sauerstoffsensors

Bild 03 zeigt einen typischen Sauerstoffsensor. Dieser gibt, wie auf dem Foto zu sehen, in Luft zum Beispiel 11,12 mV ab. Diese Spannung beträgt, je nach Alterungszustand (und des Luftdruckes und einiger anderer Parameter) des Sensors, zwischen ca. 7 und 13 mV. Der Sensor verliert also mit zunehmender Alterung an Ausgangsspannung; dieses erklärt, warum vor jedem Messvorgang das Messgerät neu kalibriert und nach einem bestimmten Zeitraum (in der Regel ein bis drei Jahre) der Sensor ausgetauscht werden muss.
Würde nun der Sauerstoffgehalt der Luft größer werden, würde die Ausgangsspannung des Sensors proportional steigen.

1.2 Die Ausgangskennlinie des Sauerstoffsensors

Der Zusammenhang zwischen Sauerstoffgehalt und Ausgangsspannung ist linear. Die nachfolgende Tabelle sowie die zugehörige Grafik zeigen diesen Zusammenhang.

	0,0	10,0	20,0	30,0	40,0	50,0	60,0	70,0	80,0	90,0	100,0	21,0
alt	0,0	3,3	6,7	10,0	13,3	16,7	20,0	23,3	26,7	30,0	33,3	7,0
mittel	0,0	4,8	9,5	14,3	19,0	23,8	28,6	33,3	38,1	42,9	47,6	10,0
neu	0,0	6,2	12,4	18,6	24,8	31,0	37,1	43,3	49,5	55,7	61,9	13,0

○ Sauerstoffgehalt in %
○ Alterungszustand des Sensors
Ausgangsspannung in mV ○
Werte in Umgebungsluft in mV ○

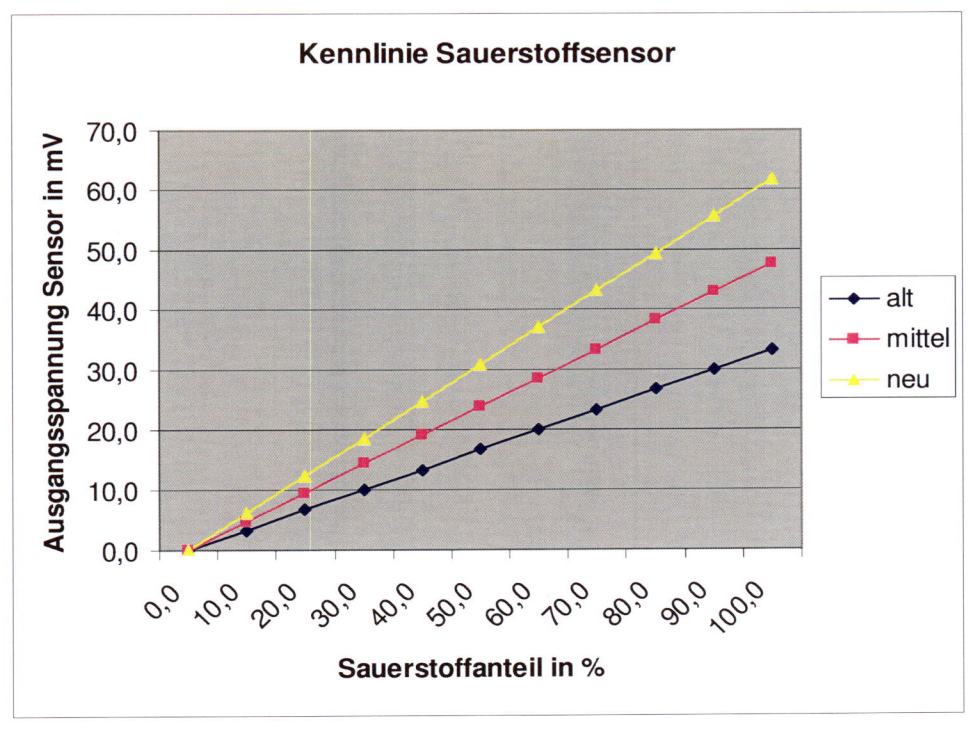

Bild 04   Ausgangskennlinie des Sensors

1.3 Typische Daten eines Sauerstoffsensors

Nachfolgend die Daten eines Sauerstoffsensors für Applikationen im Bereich der Tauchtechnik anhand des OOD101 bzw. OOD101-1 aus dem Hause EnviteC-Wismar GmbH.

All specifications are applicable at standard conditions: 1013 hPa, 25 °C dry ambient air. *Alle Angaben beziehen sich auf die Umgebungsbedingungen 1013 mbar, 25 °C und trockene Luft.*	
Measurement Range (Messbereich) :	**0-100 % oxygen**
Output in ambient air (Ausgangsspannung in Luft) :	**7-13 mV**
Electrical Interface (elektrischer Anschluss) :	**3 pin Molex** **3,5 mm Mono Jack**
Accuracy and Repeatability : (Genauigkeit)	**< 1 % vol. O_2 when calibrated at 100 % Oxygen**
Linearity error (Linearitätsfehler) :	**< 3 % relative**
Response time (Ansprechzeit) :	**< 5 seconds to 90 % of final value**
Zero Offset Voltage (Abweichung Nullpunkt) :	**< 40 µV in 100 % nitrogen**
Cross Interference (Querempfindlichkeit) :	**< 0,1 % oxygen response to:** **15 % CO_2 balance N_2** **10 % CO balance N_2**
Influence of Humidity (Einfluss der Feuchtigkeit) :	**- 0,03 % rel. per % RH at 25 °C**
Influence of Pressure (Einfluss des Druckes) :	**proportional to change in oxygen partial pressure**
Temperature Compensation : (Temperaturkompensation)	**built-in NTC compensation**
Operating Temperature (Betriebstemperatur) :	**0-50 °C**
Operating Humidity (Betriebsfeuchtigkeit) :	**0-99 % RH non-condensing**
Long Term Output Drift (Langzeitdrift) :	**< 1 % oxygen per month** **Typically < - 15 % relative over lifetime**
Recommendend Storage : (empfohlene Lagertemperatur)	**5-15 °C**
Recommended Load (empfohlene Last) :	**≥ 10 kΩ**
Warm-Up Time (Aufwärmzeit) :	**< 30 minutes, after replacement of sensor**
Weight (Gewicht) :	**approximately 28 gramms**

Bild 05 Typisches Datenblatt eines Sensors

1.4 Hinweise zu Sauerstoffsensoren

Im Anhang finden sich weitere technische Daten zu gängigen Sauerstoffsensoren sowie eine Äquivalenzliste. Dennoch muss beim Vergleich der Sensoren auf gewisse Details, wie nachstehend in 1.4.1 bis 1.4.5 erläutert, geachtet werden.

1.4.1 Temperaturkompensation

Ohne geeignete Maßnahmen würde bei ansteigender Umgebungstemperatur die Ausgangsspannung des Sensors steigen. Zur Kompensation dieses Verhaltens integrieren die meisten Hersteller ein Widerstandsnetzwerk parallel zur eigentlichen Zelle. In der Regel werden ein NTC-Widerstand und einige weitere Widerstände zur Temperaturkompensation dazu geschaltet. Es gibt Sensoren, welche über diese Kompensation nicht verfügen. Bei der Integration wäre dieses dann in der Verstärkerschaltung zu berücksichtigen. Details müssen dem Datenblatt des Herstellers entnommen werden (Temperature Compensation).

1.4.2 Lastwiderstand

Je nach Ausführung des zuvor beschriebenen Widerstandsnetzwerkes kann es erforderlich sein, dem Sensor einen zusätzlichen Widerstand (in der Regel 10 kΩ) parallel zu schalten. Auch diese Angaben müssen dem Datenblatt des Herstellers entnommen werden (Recommended load / Required load).

1.4.3 Lebensdauer

Auch die Lebensdauer der Sensoren wird in den Datenblättern angegeben. Hierbei werden aber Daten angegeben, die die Sensoren nicht auf Anhieb miteinander vergleichbar machen. So wird von der EnviteC-Wismar GmbH für den Sensor des Typs OOM102 zum Beispiel die Lebensdauer (Nominal Sensor Lifetime) mit $\geq$ 1000000% „volume oxygen hours" angegeben. Teledyne gibt hier eine Lebensdauer (Expected life) bei Luft in 25°C und bei einer Luftfeuchtigkeit von 50% relative Feuchte von z.B. 36 Monaten an.
Ein Sauerstoffsensor verbraucht sich unabhängig von der Einschaltdauer des Sauerstoffmessgerätes. Für den „Verbrauch" des Sensors sind die drei Parameter Sauerstoffpartialdruck, Umgebungstemperatur sowie Umgebungsfeuchtigkeit maßgeblich.
Wenn der Sensor einem hohen Sauerstoffpartialdruck ausgesetzt ist, verbraucht er sich schneller. In gleicher Weise wirken sich eine erhöhte Temperatur sowie eine geringe Luftfeuchtigkeit aus.

1.4.4 Lagerung

Bei Lieferung des Sensors ist dieser in eine „Schutzatmosphäre" verpackt. Empfehlenswert für die Lagerung ist eine Temperatur zwischen 5 und 15°C bei möglichst geringem Sauerstoffgehalt.

1.4.5 Sicherheitshinweise

Die Sensoren dürfen keinesfalls gewaltsam geöffnet werden. Im Falle eines Austretens von Elektrolyt ist verschmutzte Wäsche sofort auszuziehen. Die gegebenenfalls betroffenen Haut- und Augenpartien sind umgehend für mindestens 15 Minuten mit Wasser zu spülen. Danach ist es erforderlich, einen Arzt aufzusuchen.
Seitens der verschiedenen Hersteller gibt es entsprechende Sicherheitsdatenblätter (Material Safety Data Sheet). Für die Sensoren des Herstellers Teledyne können diese von der im Anhang genannten Homepage im Internet heruntergeladen werden.

1.5 Elektrische Simulation eines Sensors

Zum Test von Schaltungen und auch von Messgeräten ist eine Simulationseinrichtung, mit welcher ein Sauerstoffsensor elektrisch nachgebildet werden kann, sehr hilfreich. Diese kann mit einem einfachen Spannungsteiler realisiert werden.
Zur Spannungserzeugung selber verwende ich eine 1,5-V-Mignon-Zelle. Die Ausgangsspannung wird zusätzlich auf einem kleinen handelsüblichen Voltmeter angezeigt.

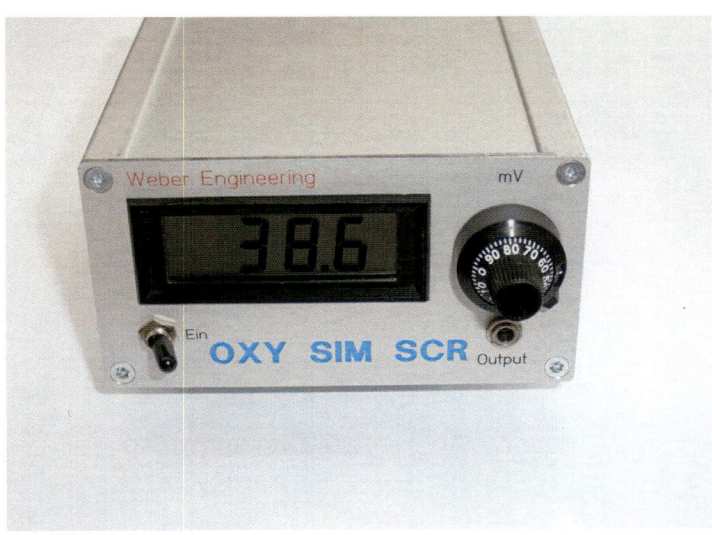

Bild 06   Simulator Ansicht Frontseite

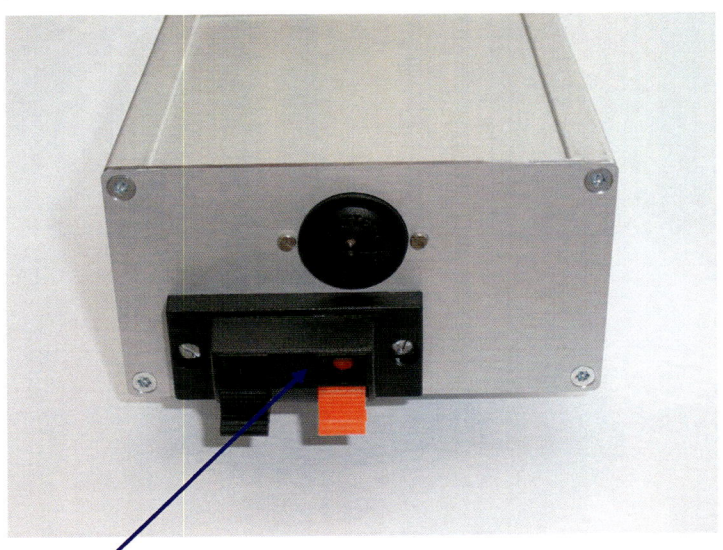

Bild 07   Simulator Ansicht Rückseite

Klemmen für die Ausgangsspannung 0 bis 150 mV

Teil 2   Sauerstoffmessgerät für die Analyse von Nitrox

2.0 Aufbau eines einfachen Messgerätes zur Analyse von Nitrox

Wenn wir die Wirkungsweise des Sensors verstanden haben, können wir mit einer relativ einfachen Schaltung ein Messgerät für den Sauerstoffanteil in Luft oder einem anderen Gas bauen. Neben dem Gehäuse etc. muss unsere Schaltung aus drei wesentlichen Teilen bestehen:

- einer Verstärkerschaltung
- einer Gerätekalibrierung
- einem Anzeigeinstrument

Bild 08   Versuchsaufbau Sauerstoffmessgerät

2.1 Sauerstoffmessgerät

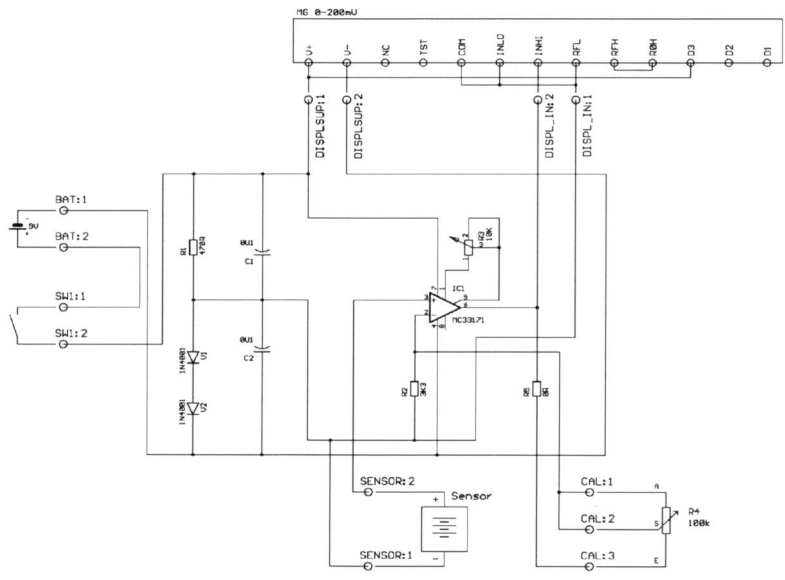

Bild 09   Schaltskizze Sauerstoffmessgerät

2.1.1 Verstärkerschaltung

Zunächst müssen wir das Ausgangssignal unseres Sensors verstärken. Dieses geschieht mit einem einfachen Operationsverstärker; für das Messgerät habe ich den Typ MC33171 aus dem Hause ON Semiconductor© ausgewählt. Der Operationsverstärker verfügt über einen weiten Bereich der Spannungsversorgung von 3,0 bis 44 V und benötigt einen geringen Strom von ca. 180 µA. Das Datenblatt kann unter http://onsemi.com heruntergeladen werden.

Als Spannungsversorgung dient ein einfacher 9V-Block. Um eine leicht negative Spannung zu erhalten bzw. den Null-Abgleich exakt vornehmen zu können, wurde ein Spannungsteiler mittels zweier Dioden vom Typ 1N4001 umgesetzt. Zum Abgleich wird der 100 KΩ-Präzisionspotentiometer mit einer 10-Gang-Wendel eingesetzt.

Optional kann zusätzlich ein weiteres Poti mit 10 KΩ für „Offset Nulling" verwendet werden.

2.1.2 Kalibrierung

Die Möglichkeit, das Gerät zu kalibrieren, ergibt sich mit dem zuvor beschriebenen 100 KΩ-Potentiometer. Wenn ein Sensor angeschlossen ist und sich in Luft befindet, wird dieser einfach gedreht, bis der Wert 20,9 im Display des Anzeigeinstrumentes erscheint.

2.1.3 Anzeigeinstrument

Zur Anwendung kann hier jedes entsprechend geeignete Digitalinstrument aus dem Elektronikfachhandel kommen. Es sollte mit einer Batteriespannung von 9V betrieben werden können und muss über den entsprechenden Eingangsspannungsbereich verfügen.

2.1.4 Ausführung des Sauerstoffmessgerätes

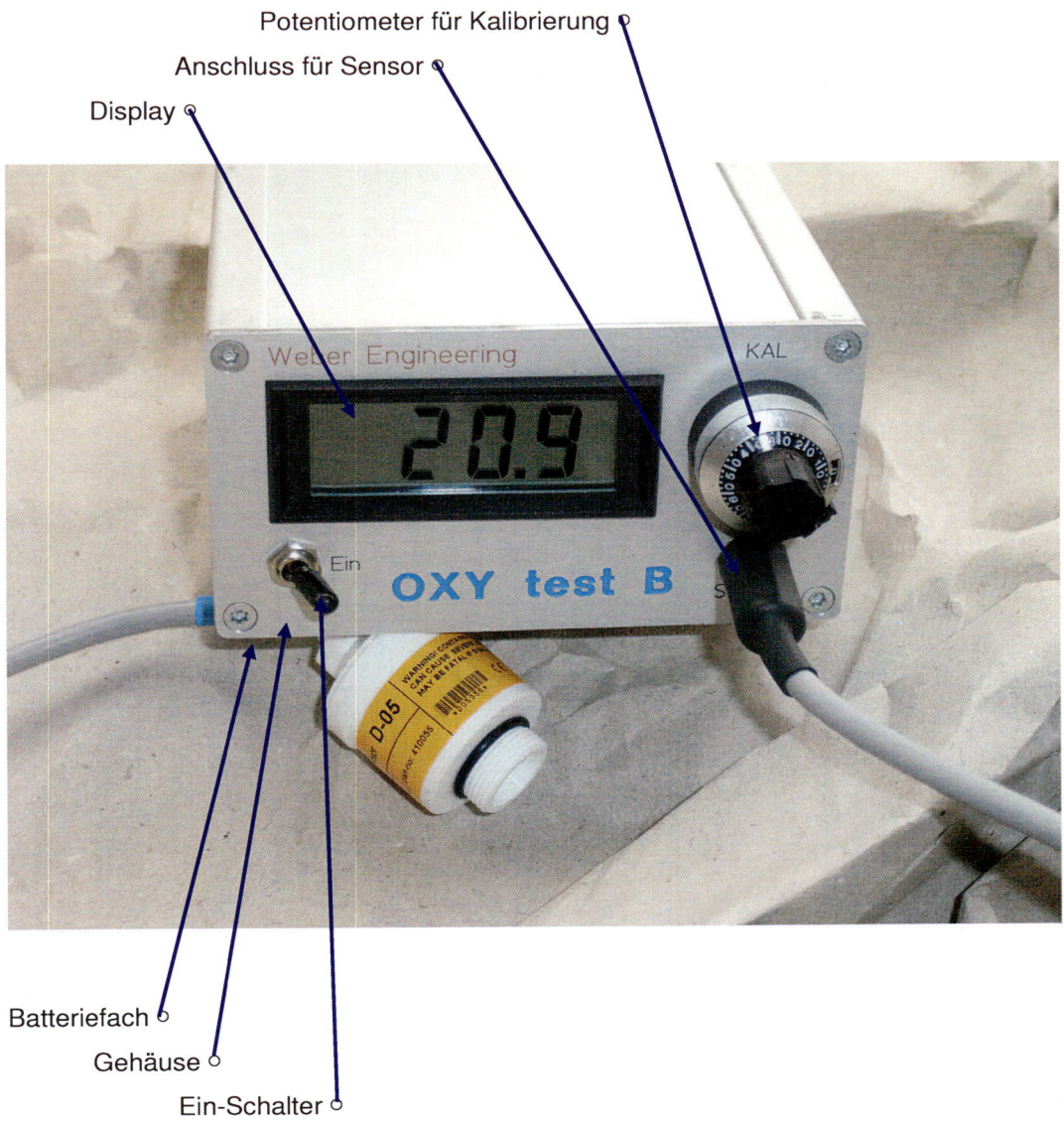

Bild 10   Sauerstoffmessgerät

Bild 11   Platine des Sauerstoffmessgerätes

Alle erforderlichen Anschlüsse für Batterie, Schalter, Sensor, Potentiometer und Ausgang zum Messgerät sind auf Schraubklemmen geführt. Das ermöglicht einen problemlosen Einbau in unterschiedliche Gehäuse und die Verwendung diverser am Markt erhältlicher Bauteile wie Voltmeter, Potentiometer etc.

2.2 Ablauf der Gasanalyse

Der grundsätzliche Ablauf bzw. die Vorgehensweise ist, unabhängig vom Hersteller des Gerätes, meist sehr ähnlich.

Schritt 1 Anschließen des Sensors

Sofern der Sensor nicht fest mit einem Kabel an das Messgerät angeschlossen ist, muss als erstes die Verbindung zwischen Messgerät und Sensor hergestellt werden; in der Regel handelt es sich hier um einen 3,5 mm Klinkenstecker oder einen 3-poligen Molex-Steckverbinder.

Schritt 2 Einschalten des Gerätes

Als nächstes wird das Gerät mit dem entsprechenden Schalter eingeschaltet. Bei einigen Geräten sind Abgleichpotentiometer und Schalter eine Einheit.

Schritt 3 Kalibrieren in Luft auf 20,9 %

Bild 12 Kalibrieren des Messgerätes

Beim Kalibriervorgang wird der Sensor in Umgebungsluft gehalten und das Potentiometer so lange gedreht, bis im Display der Wert von 20,9 % Sauerstoffanteil angezeigt wird.

Das letzte Digit (damit ist die letzte rechte Stelle in der Anzeige gemeint) sollte dabei nicht mehr als um ± 1 schwanken; also minimal 20,8 bzw. maximal 21,0 im Display anzeigen. Sollte dieser Vorgang nicht funktionieren, muss die Batterie des Messgerätes und der Sensor geprüft werden.

Schritt 4   Montage des Entnahmeadapters

Schritt 5   Vorsichtiges Öffnen und Schließen des Ventils

Bild 13   Öffnen des Ventils

Das Ventil am Drucklufttauchgerät (DTG) bzw. Sauerstofftauchgerät (STG) wird nun langsam für ca. 5 Sekunden geöffnet und dann wieder geschlossen; der Gasstrom muss hinreichend sein, sollte aber mit minimalem Druck abströmen.

Schritt 6   Erneutes vorsichtiges Öffnen und Schließen des Ventils

Nach etwa 10 Sekunden das Ventil nochmals für ca. 5 Sekunden öffnen und schließen.

Schritt 7   Ablesen des Messwertes

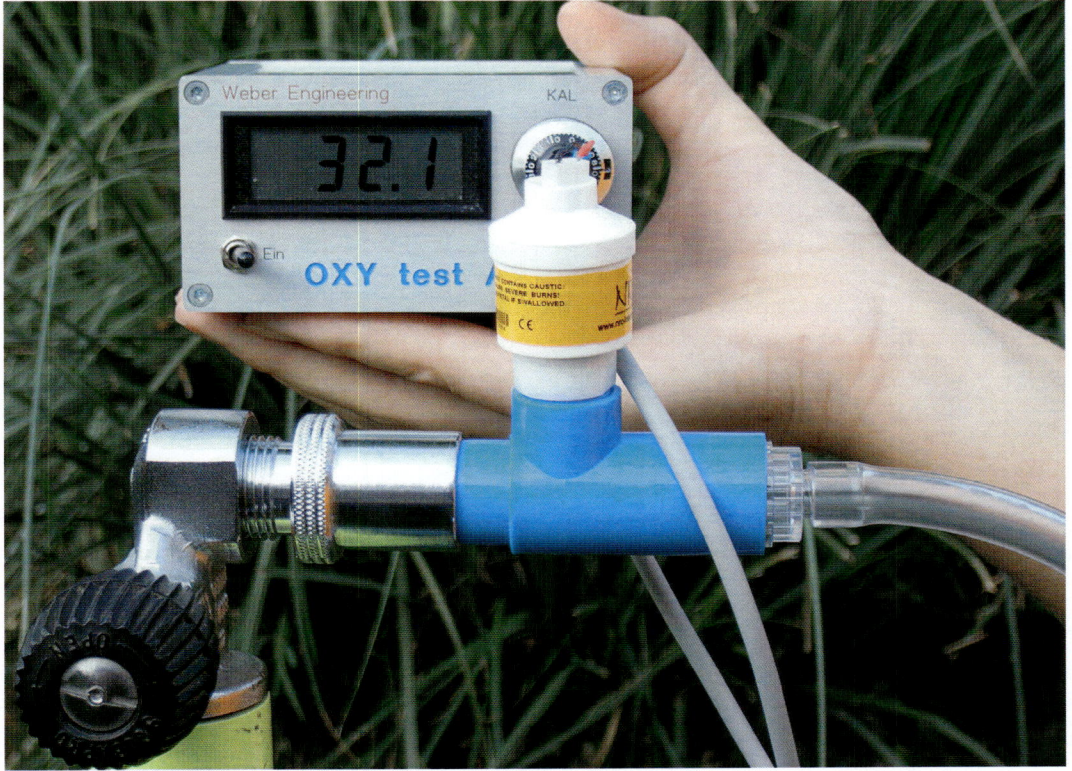

Bild 14   Ablesen des Messwertes

Der Messwert in der Anzeige wird steigen. Der höchste Messwert entspricht dann dem Sauerstoffanteil in % in dem gemessenen Atemgas. In diesem Beispiel handelt es sich um ein EAN32 mit einem Sauerstoffanteil von 32,1 %.

Schritt 8   Etikettieren des DTG/STG

Das DTG bzw. STG kann nun mit dem entsprechenden Etikett bzw. Label versehen werden. Weitere Ausführungen zur Etikettierung erfolgen in dem nachfolgenden Abschnitt 2.4.

Schritt 9   Vor erneuter Messung Kalibrierung überprüfen

Vor einer neuen Messung ist die Kalibrierung wieder zu prüfen. Nach einer Zeit von ca. 10 Sekunden in Luft muss das Display wieder ca. 20,9 anzeigen. Falls dies nicht der Fall sein sollte, muss das Gerät erneut kalibriert (Einstellen des Wertes auf 20,9) werden.

2.3 Mögliche Fehlerursachen bei der Messung

In dem zuvor beschriebenen Ablauf wurde das Gerät in Umgebungsluft kalibriert. Für die Analyse von Nitrox-, Triox- und Trimix-Gemischen bis zu einem Sauerstoffanteil von ca. 40 bis 50% O_2 im Gemisch ist das in der Regel hinreichend.

Sofern Mischgase mit einem O_2-Anteil von mehr als 40 bis 50% analysiert werden sollen, ist die Kalibrierung mit reinem Sauerstoff vorzuziehen. Die Begasung des Sensors erfolgt wie zuvor beschrieben, jedoch mit reinem Sauerstoff. Eine weitere praktisch angewendete Methode dafür ist auch die sogenannte Beutelmethode. Hier wird der Sensor in einen gasundurchlässigen Beutel gegeben und das Gas in den Beutel geströmt; natürlich ist dabei darauf zu achten, dass sich hier keine Umgebungsluft beimengt.

Kritisch zu betrachten ist die Analyse von Trimix-Gemischen mit einem Sauerstoffanteil von kleiner als 15% im Mischgas mit einem derartigen Gerät. Ein Messfehler von ± 1% des Endwertes bezieht sich auf den gesamten Messbereich des Gerätes. Eine Abweichung von 1% Sauerstoffanteil bei zum Beispiel EAN50 ist meines Erachtens deutlich weniger kritisch als eine Abweichung von 1% bei einem TMX10/70.

Beim Kalibrieren und Messen können sich immer Fehler einstellen. Wenn der Messwert um mehr als 1 Volumen-% O_2 schwankt, sollte man sich diese Fragen stellen:

a. *Ist meine Kabelverbindung zum Sensor korrekt hergestellt?*
b. *Ist der Batteriezustand in Ordnung?*
c. *Ist der Sensor in Ordnung bzw. eventuell verbraucht?*
d. *Ist die Kalibrierung korrekt in Umgebungsluft vorgenommen?*
e. *Ist die Einstellzeit des Sensors berücksichtigt?*
f. *Ist mein Sensor im Temperaturgleichgewicht mit der Umgebung?*
g. *Ist mein Entnahmesystem und mein Sensor frei von Feuchte und Wasser?*

Im Zweifelsfall kann eine Funktionskontrolle mit der eigenen Ausatemluft durchgeführt werden. Das Messgerät sollte bei der Begasung mit Ausatemluft ca. 17% Sauerstoffanteil anzeigen. Falls die Funktion sicher zu sein scheint und das Analyseergebnis von dem erwarteten Wert abweicht, sollte man sich diese Fragen stellen:

h. *Analysiere ich wirklich das richtige DTG/STG?*
i. *Ist es bei der Analyse zu einer Gasbeimischung (Umgebungsluft) gekommen?*
j. *Wurde das Gas bzw. habe ich das Gas korrekt hergestellt?*

2.4 Hinweise zur Entnahme der Gase

Eine der größten Fehlerquellen für Messfehler bei der Bestimmung des Sauerstoffgehaltes in einem Atemgas liegt in der Art der Entnahme des Gases.
Da es sich genau genommen um eine Partialdruckmessung handelt, wird das Gas idealerweise bei bzw. mit einem Druck von 1 bar entnommen. Ein höherer Druck würde hier den gemessenen Sauerstoffgehalt nach oben verfälschen. Ein Volumenstrom von ca. 2 l in der Minute kann hier als hinreichend angenommen werden. Wichtig ist, dass es in der Entnahmeeinrichtung nicht zu einem „Druckstau" kommt, welcher das Messergebnis entsprechend verfälscht. Wesentliche Bedeutung hat hier der „Flow-Diverter"; dieser sorgt für einen kontinuierlichen Gasfluss an der Membrane.
Ein weiterer, nicht zu vernachlässigender Faktor ist die Temperatur. Natürlich versteht es sich von selbst, kein Messgerät zu verwenden, welches sich in einem sonnenbestrahlten Auto über Stunden erhitzt hat. Das abströmende Gas ist in der Regel kalt und kühlt entsprechend die Sensormembrane. Ein hoher abströmender Volumenstrom führt also unweigerlich zu einer unerwünschten Abkühlung der Messeinrichtung und somit zu einer Messwertverfälschung. In der Praxis haben sich die folgenden Entnahmeadapter bewährt:

Bild 15   Flow-Diverter

Bestandteil einer Entnahmeeinrichtung ist in der Regel ein Flow-Diverter. Die Aufgabe des Flow-Diverters ist es, das zu messende Gas bestmöglich an der Membrane fließen bzw. strömen zu lassen.

Bild 16 Gasentnahme mit Adapter für DIN-Flasche (ohne Flow-Diverter)

Bei diesem Entnahmeadapter handelt es sich um ein weltweit vielfach eingesetztes und bewährtes System. Der Durchfluss wird wesentlich durch die Bohrung in dem DIN-Adapter bestimmt. Der Flow-Diverter optimiert den Gasfluss am Sensor.

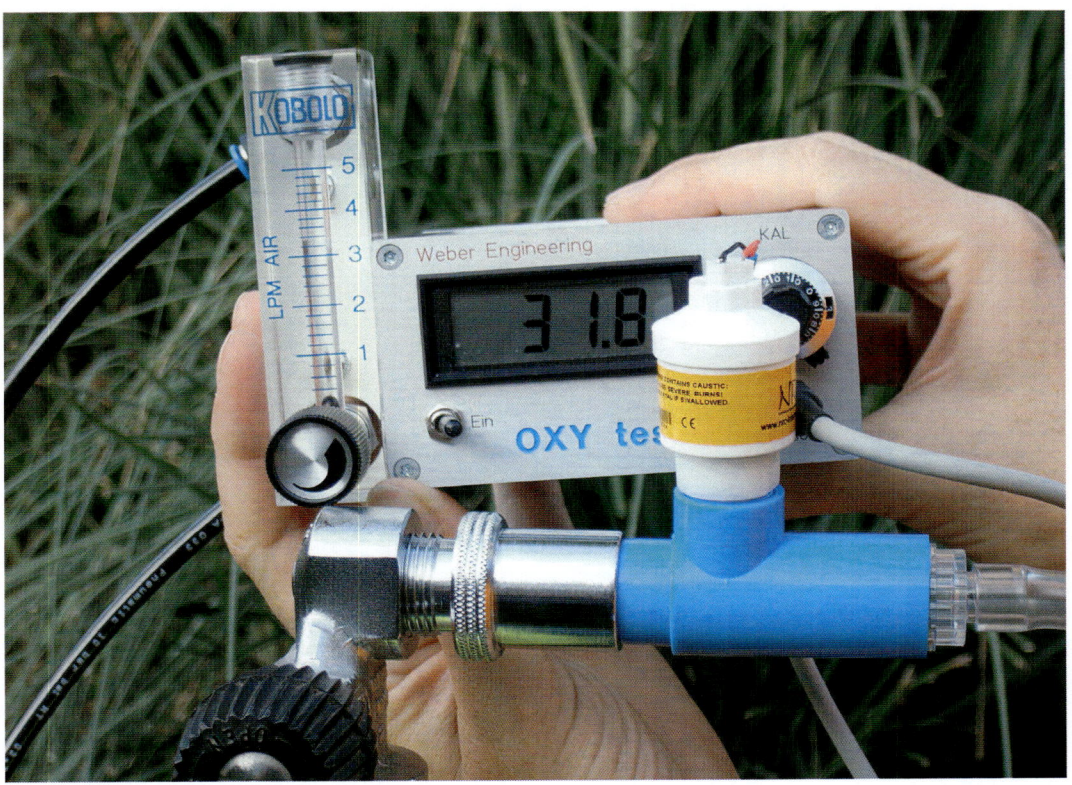

Bild 17   Gasentnahme mit zusätzlichem Durchflussmesser

Die Messgenauigkeit und Reproduzierbarkeit der Entnahmeeinrichtung lässt sich mit einem Durchflussmesser und einer Drossel optimieren. Mittels des Durchflussmessgerätes und der einstellbaren Drossel kann der Gasfluss von 2 l in der Minute ideal eingestellt werden.

Bild 18   Schnelle Gasentnahme mit „T-Stück"

Ebenso bewährt hat sich das abgebildete T-Stück. Wesentliches Bauteil ist hier ein einfaches T-Stück aus PVC mit den Maßen DN 25-20-25. In den kleinen Abgang ist ein weiteres PVC-Teil eingeklebt, welches den Sensor aufnimmt. Der Gasfluss ist aber nicht als ganz so ideal wie in den anderen gezeigten Entnahmesystemen zu betrachten. Vorteil ist hier, dass das Anschrauben des Adapters entfällt. Für eine optimale Messung sollte man sich allerdings immer die erforderliche Zeit nehmen.

Bild 19   Schnelle Gasentnahme mit „Quick-Ox"

Eine ideale Lösung ist das zum Patent angemeldete „Quick-Ox" der Fa. Vandergraph. Es vereint die Genauigkeit des Entnahmesystems aus dem Bild 16 mit der Geschwindigkeit der Gasentnahmeeinrichtung aus dem Bild 18. Charakteristisch für das System ist, neben der schnell durchgeführten Messung, der ständig konstante Gasfluss, ein Entnahmedruck von 1 bar und eine relativ geringe Temperaturdrift.

2.5 Etikettierung des DTG/STG

Für die verwechslungssichere Hantierung von Tauchgeräten ist es unumgänglich, diese eindeutig zu etikettieren. Ein Tauchgerät hat in der Regel zwei Etikettierungen. Bei der ersten handelt es sich um eine groß aufgebrachte Kennzeichnung zur MOD (Maximum Operation Depth, maximale Einsatztiefe des Gases). Bei der zweiten handelt es sich um das Etikett mit den genauen Angaben zum Gas.

Bild 20   Etikettierung der MOD

      maximale Einsatztiefe 6 m   (zum Beispiel O$_2$ rein)
      maximale Einsatztiefe 21 m   (zum Beispiel EAN50 oder TX50/20)
      maximale Einsatztiefe 36 m   (zum Beispiel TX35/35)

Diese Kennzeichnung ist unter anderem deshalb wichtig, um auf der entsprechenden Tauchtiefe das zugehörige Dekompressionsgas im Zweifelsfall selbst sicher verifizieren zu können (in der Regel liegen die Stages in einer bestimmten Folge auf der linken Seite des Tauchers, wobei das „schwerste" Gas (O$_2$) immer unten liegt). Die groß aufgebrachte Zahl ermöglicht es auch dem Tauchpartner, den richtigen Gaswechsel zu kontrollieren und ggf. eingreifen zu können.
Diese Kennzeichnung kann entweder durch Aufkleber (auch Decals genannt), oder durch Acryllack erfolgen.

Sauerstoffmessung für OC- und Rebreather-Taucher

Wenn die Stageflasche für ein anderes Gas benötigt wird, werden die aufgesprühten Zahlen einfach mit Aceton entfernt. Die neuen MODs werden dann mittels Schablone aufgesprüht.
Zusätzlich wird zu dem zuvor beschriebenen, fest angebrachten MOD-Etikett ein zweites Etikett angebracht. Dieses Etikett wird während der Gasherstellung beschriftet und bei der Gasanalyse vor dem Tauchgang komplettiert.

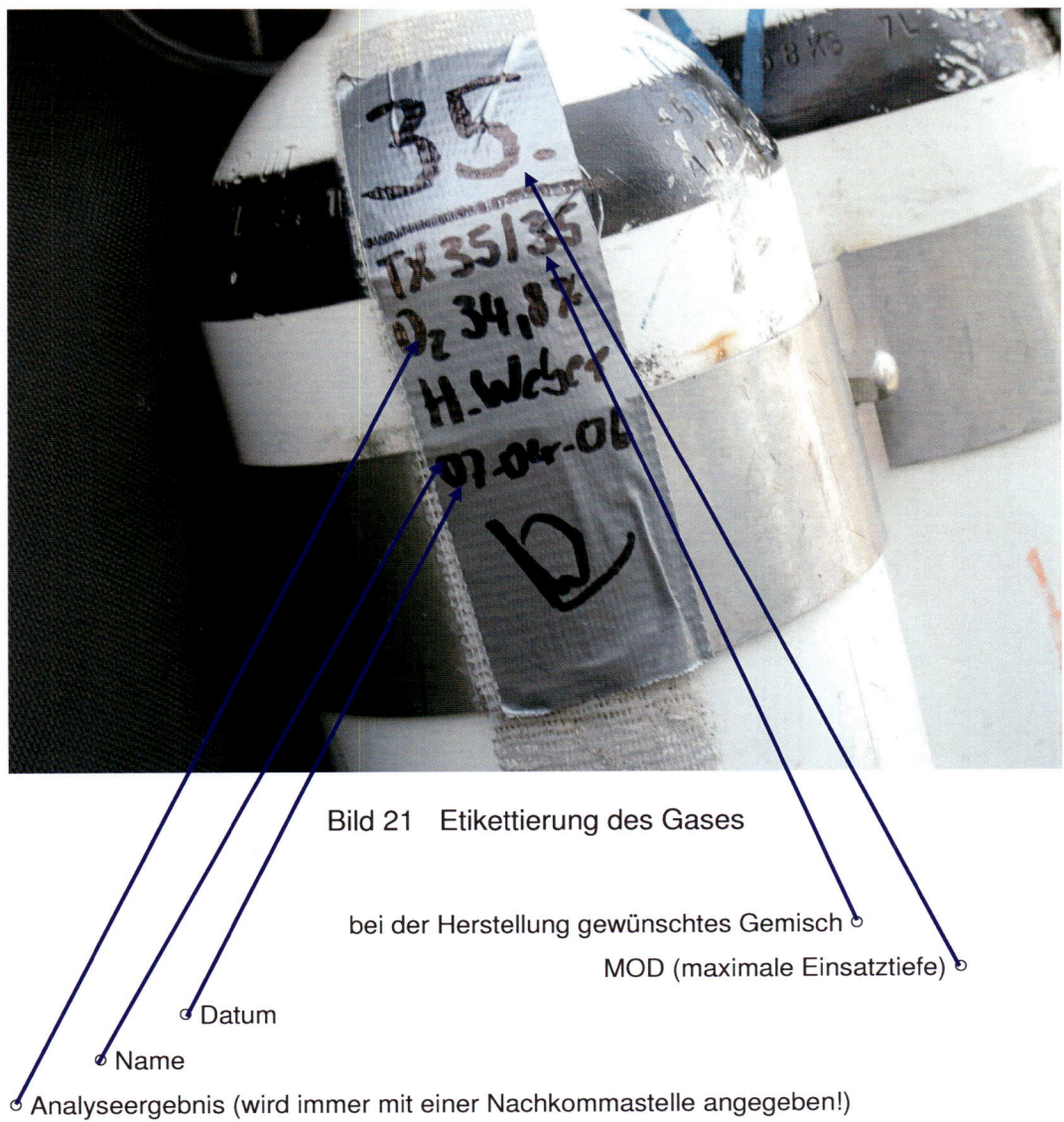

Bild 21   Etikettierung des Gases

bei der Herstellung gewünschtes Gemisch
MOD (maximale Einsatztiefe)
Datum
Name
Analyseergebnis (wird immer mit einer Nachkommastelle angegeben!)

Beide Etiketten müssen für den Tauchpartner gut sichtbar an den Tauchgeräten befestigt werden. Das Etikett für das Gas wird an Doppelgeräten auf der linken Flasche angebracht. Die Positionierung „hinten links" auf dem Doppelgerät ist ein „ungeschriebenes Gesetz". Dadurch wird verhindert, dass in einer mögliche Not-Situation erst lange nach dem Etikett für das Gas gesucht werden muss.

Stageflaschen werden auch immer etikettiert. Das Aufbringen erfolgt immer rechts am Flaschenhals; also in einer Position, in der es der Taucher selbst am besten lesen kann!

Auch für die Abfolge der Informationen auf dem Etikett für das Gas gibt es eine Reihenfolge, welche einzuhalten ist:

- Als erstes wird groß die maximale Einsatztiefe auf das Etikett geschrieben (35 m in dem Beispiel in Bild 21).

- Als zweites wird das Zielgas auf dem Etikett angegeben (in dem Beispiel handelt es sich um ein Triox 35/35).

- Als drittes wird das Analyseergebnis eingetragen (Sauerstoffanteil von 34,8% im Beispiel). Vereinbarungsgemäß wird das Analyseergebnis mit einer Nachkommastelle angegeben. Bei einer nicht angegebenen Nachkommastelle gilt das Gas als nicht analysiert.

- Als letzter Schritt wird von der- bzw. demjenigen, welche/r das Gas analysierte (Nutzer), der Name, das Datum und die Unterschrift vermerkt. Diese Angaben werden unmittelbar nach der Analyse aufgebracht.

Vor dem Tauchgang sollte das Gas nochmals gemessen werden!

2.6 Messgeräte zur Bestimmung des Helium-Anteils in Triox und Trimix

Messgeräte für die Bestimmung des Helium-Anteils in Atemgasen, wie Triox und Trimix, haben lange nicht einen so hohen Verbreitungsgrad wie Messgeräte zur Bestimmung des Sauerstoffanteils. Dieses hat derzeit drei wesentliche Ursachen:

- Der Anteil von Tauchern, welche Nitrox nutzen, ist deutlich höher als der Anteil der Taucher, die Triox oder Trimix nutzen (Triox ist ein Trimix mit einem Sauerstoffanteil gleich bzw. größer 21 % Sauerstoff. Bei Trimix ist der Sauerstoffanteil im Atemgas kleiner als in der Luft; es besteht also die Gefahr einer Hypoxie bei niedrigen Einsatztiefen).

- Messgeräte zur Bestimmung des He-Anteils sind relativ teuer.

- Die Anforderung an die Genauigkeit des He-Anteils im Atemgas ist nicht so hoch wie die Anforderung an die Genauigkeit bei Sauerstoff. Die Tendenz im Allgemeinen ist hier, beim Gase mischen etwas „großzügiger" mit dem Helium umzugehen. Überprüft wird das Vorhanden sein von He oftmals mit der „Sprechprobe".

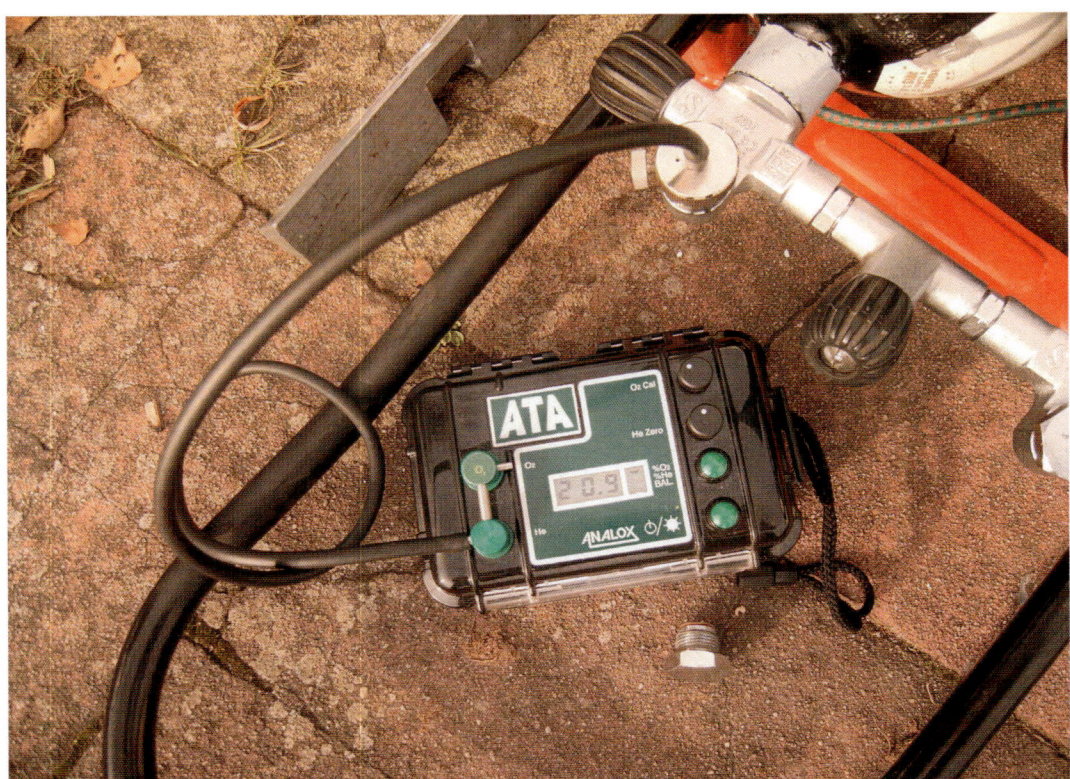

Bild 22   Typisches He-Messgerät

Teil 3 Sauerstoffmessgeräte für Kreislaufgeräte vom Typ SCR und CCR

3.0 Einteilung der Kreislauftauchgeräte

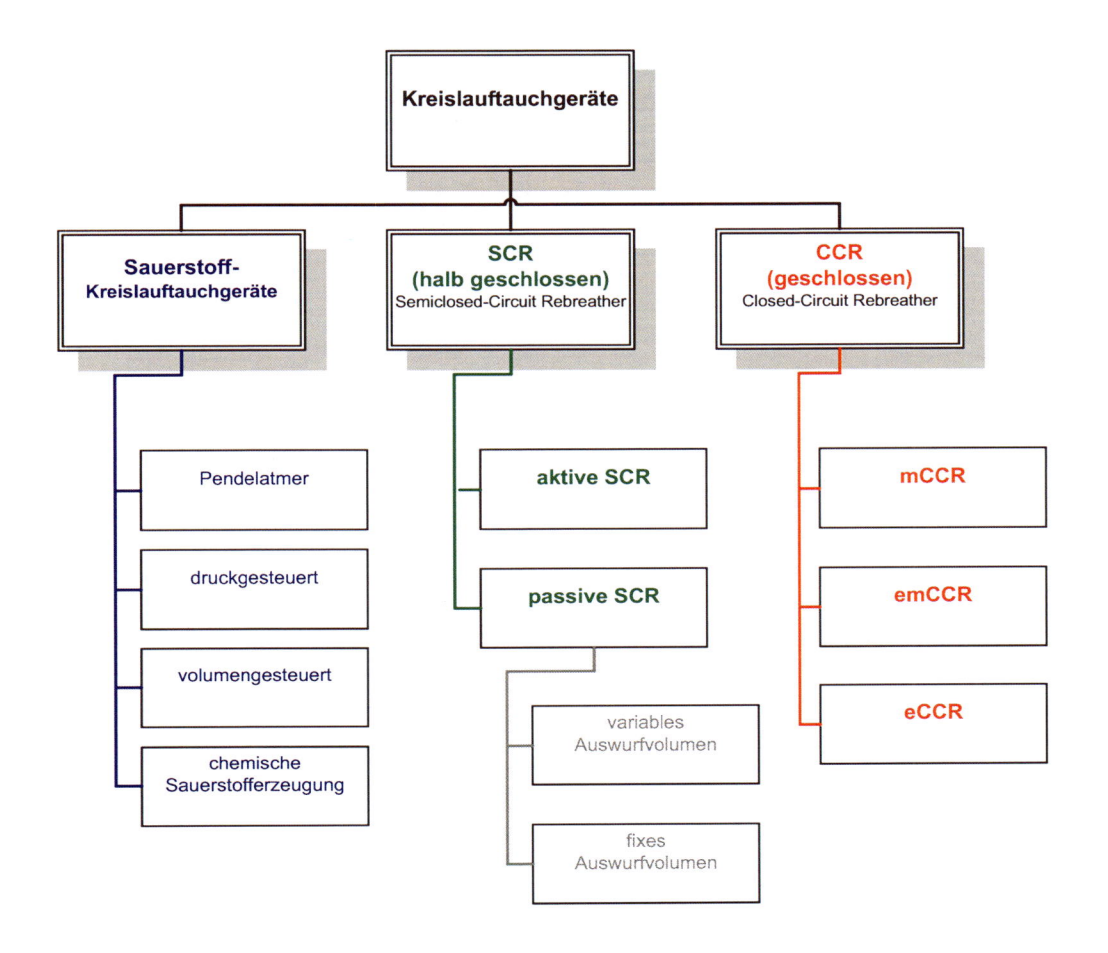

Bild 23   Einteilung von Kreislauftauchgeräten

Um die Sauerstoffmess- bzw. –steuer- und -regeltechnik der unterschiedlichen Kreislauftauchgeräte (KTG) bzw. Rebreather zu verstehen, müssen diese zunächst strukturiert werden. Es gibt verschiedene Ansätze zur Darstellung bzw. Einteilung der Rebreather. Hier wird ein Ansatz gewählt, mit welchem sich die Rolle der Sauerstoffmessung am Einfachsten darstellen und erläutern lässt. Zunächst lassen sich die Systeme grob in drei Gruppen einteilen:

- **Sauerstoff-Kreislauftauchgeräte**
- **SCR (Semiclosed-Circuit Rebreather)**
- **CCR (Closed-Circuit Rebreather)**

Die **Sauerstoff-Kreislauftauchgeräte** waren die ersten Rebreather und wurden hauptsächlich für den militärischen Bereich konzipiert. Wesentliches Merkmal ist eine maximale Einsatztiefe von 6 m bei Annahme eines maximal zulässigen Sauerstoffteildruckes von 1,6 bar im Loop.

Im geregelten Sporttauchsegment (Geräte mit CE-Zertifizierung) haben diese Geräte praktisch keine Bedeutung und sind überwiegend bei „Bastlern" anzutreffen. Vertreter typischer Geräte sind:

DM20	Fa. Dräger	
Modell 138	Fa. Dräger	
Delphin 1	Fa. Dräger/Barakuda	
Leutnant Lund II	Fa. Dräger	
LAR V	Fa. Dräger	
LAR VI	Fa. Dräger	
Oxylon	Fa. Poseidon	
RG-UF/M	VEB Medizintechnik Leipzig	(Panzerretter NVA)
Medi-Nixe	VEB Medizintechnik Leipzig	
Oxylon	Fa. Poseidon	
Castoro P96	O.M.G.	
IDA-57	aus der ehemaligen UdSSR	

Auch Semiclosed-Circuit Rebreather lassen sich bei Einsatz einer entsprechenden Düse als Sauerstoff-Kreislauftauchgeräte betreiben. Sauerstoff-Kreislauftauchgeräte sind in der Regel auch CCR. Im Rahmen dieses Werkes wird nicht weiter auf diese Systeme eingegangen. Meistens verfügen sie nicht über eine elektronische Sauerstoffüberwachung. Vorausgesetzt, dass die Spülvorgänge nach den Herstellerangaben korrekt durchgeführt werden, ergibt sich im Loop immer ein Sauerstoffanteil nahe der 100 Prozent.

Die halbgeschlossenen Kreislauftauchgeräte bzw. **(SCR) Semiclosed-Circuit Rebreather** sind seit einigen Jahren im Sporttauchsegment anzutreffen. In der Regel ist eine Überwachung des Sauerstoffteildruckes mittels ppO$_2$-Monitor eine Option. Werksseitig werden diese ppO$_2$-Monitore nicht mit den Geräten geliefert und es obliegt dem Käufer zu entscheiden, optional eine derartige Einrichtung zu erwerben.
SCR können unterschieden werden in aktive und in passive SCR. Typische Vertreter für aktive SCR sind die folgenden Systeme:

FGT 1	Fa. Dräger	(Militär)	
Atlantis	Fa. Dräger	(Sporttauchen)	
Dolphin	Fa. Dräger	(Sporttauchen)	CE-zertifiziert
Ray	Fa. Dräger	(Sporttauchen)	CE-zertifiziert
LAR VII	Fa. Dräger	(Militär)	
LAR VII Combi	Fa. Dräger	(Militär)	
SCR 100 ST	Fa. Submatix	(Sporttauchen)	CE-zertifiziert
Voyager 1	Fa. Aquatek	(Sporttauchen)	CE-zertifiziert
Voyager 1 MD	Fa. H.B.T.	(Sporttauchen)	CE-zertifiziert

Desweiteren sind am Markt auch passive SCR, sogenannte pSCR, anzutreffen. Die Urzelle der pSCR stellt das „RB80" der Fa. Halcyon dar; eine Entwicklung von amerikanischen Höhlentauchern der WKPP.

Viele der heutigen am Markt eingeschränkt erhältlichen Systeme sind „clones" des RB80. Diese Nachbauten verfügen aber nicht immer über bessere Systemeigenschaften als das Original. Als typische Vertreter für pSCR können beispielhaft genannt werden:

RB80	**Fa. Halcyon**
RON	**Fa. Mathias Pfister**
EDO	**Fa. STDE**
Habanero	**Fa. Tauchtechnik Schmitt**

Abhängig von der mechanischen Konstruktion können pSCR weiter unterteilt werden; z.B. in Systeme mit fixem und mit variablem Auswurfvolumen oder in teilweise tiefenkompensierte und tiefenkompensierte Systeme.
Keines der o.g. pSCR verfügt derzeit über eine CE-Zertifizierung. Aufgrund des Konstruktionsprinzipes - es besteht die Gefahr der Pendelatmung bei Ausfall bestimmter Komponenten -, wird vom Verfasser auch nicht erwartet, dass eines dieser Geräte derzeit mit einer CE-Zertifizierung versehen wird. Da der Sauerstoffanteil unter die lebenswichtige Grenze fallen kann, ist es zwingend angeraten, diese Geräte mindestens mit einem ppO_2-Monitor zu tauchen. Angemessen erscheint hier eine redundante Überwachung des Sauerstoffteildruckes.
Im nachfolgenden Kapitel 4.0 wird im Wesentlichen der Selbstbau eines ppO_2-Monitors beschrieben sowie ein im Handel erhältliches System dargestellt. Obwohl der Betrieb von SCR ohne ppO_2-Monitoren zulässig ist, sollte hier jeder User im eigenen Interesse sein System mit einer Überwachung ausrüsten.

In den letzten Jahren drängen verstärkt **CCR (Closed-Circuit Rebreather)** bzw. geschlossene Kreislaufsysteme auf den Markt. Diese Geräte sind ohne eine entsprechende Messtechnik, welche Sicherheit über den Sauerstoffanteil im Loop gibt, nicht mehr sicher betreibbar.
Neben der Gewissheit über den Sauerstoffanteil im Loop wäre eine Gewissheit über den Zustand des Atemkalkes wünschenswert. Hierdurch kann eine CO_2-Vergiftung (Hyperkapnie) vermieden werden. Dieses macht also eine direkte CO_2-Messung im Loop erforderlich. Derzeit sind am Markt noch keine Sensoren verfügbar, mit welchen unter diesen Umgebungsbedingungen (Druck und Feuchte) der CO_2-Anteil sicher erfasst werden können.
Der eine oder andere Hersteller bedient sich hier eines kleinen Tricks: Bekannt ist die chemische Reaktion des Atemkalkes und die dabei entstehende Wärme. Je nach Bauform des Kalkbehälters und Fortschritt des Absorptionsprozesses „wandert" hier die Temperatur im Kalkbehälter. Mit einer entsprechenden Anzahl

von Temperatursensoren und der Auswertung kann also Rückschluss auf den Zustand des Atemkalkes gezogen werden.

Die CCR`s lassen sich im Wesentlichen in drei Kategorien einteilen:

- mCCR
- emCCR
- eCCR

m steht hier für mechanisch und e für elektronisch.

In einem **mCCR** wird über eine einstellbare Düse kontinuierlich Sauerstoff in den Loop gespeist. Bei Unterschreiten eines bestimmten ppO_2 erfolgt eine visuelle und akustische Warnung. Mechanisch wird nun per Knopfdruck entsprechend Sauerstoff in den Loop nachdosiert. In der Regel sind die ppO_2-Monitoren hier redundant ausgeführt. Als typischer Vertreter kann hier genannt werden:

  mCCR 100 SMS **Fa. Submatix** (Sporttauchen) **CE-zertifiziert**

Mit diesem Verständnis liegt es nahe, von dem/den ppO_2-Monitoren ein Magnetventil anzusteuern. Dieses Magnetventil dosiert automatisch zusätzlich Sauerstoff in den Loop, falls der parametrierte Sauerstoffanteil unter einen Grenzwert sinkt. Somit erhalten wir ein **emCCR**. Hier wird also, abhängig vom Sauerstoffanteil im Loop, über ein Ventil Sauerstoff nachgesteuert, bis ein bestimmter Sauerstoffanteil im Loop wieder gegeben ist. Als ein typischer Vertreter wäre hier zu nennen:

  emCCR 100 **Fa. Submatix** (Sporttauchen) **CE-zertifiziert**

Als dritte und letzte Variante wäre jetzt der **eCCR** zu nennen. Beim eCCR wird über mehrere Sensoren und Ventile der O_2-Partialdruck geregelt und den Umgebungsbedingungen angepasst. Überwiegend sind bei den Systemen drei Sauerstoffsensoren vorhanden. Von diesen drei Sauerstoffsensoren werden die zwei zunächst am plausibelsten erscheinenden Werte ausgewertet. Die Auswertung erfolgt in der Regel durch zwei µ-Controller (Computer) mit entsprechendem Display. Typische Systeme für eCCR sind zum Beispiel:

CIS Lunar MK5		
CIS Lunar MK6	Fa. Poseidon	
Inspiration Classic	Fa. Ambient Pressure Diving, GB	**CE-zertifiziert**
Inspiration Vision	Fa. Ambient Pressure Diving, GB	**CE-zertifiziert**
Evolution	Fa. Ambient Pressure Diving, GB	**CE-zertifiziert**
O2ptima FX	Fa. Dive Rite, USA	
Megalodon	Fa. Inner Space Systems, USA	
Sentinal	Fa. CCR Ltd.	**CE-zertifiziert**
Ourobros	Fa. CCR Ltd	**CE-zertifiziert**

Die nachfolgende Tabelle sowie die drei Schaltskizzen fassen die Unterschiede nochmals kurz zusammenfassen:

	Sauerstoff-KTG	SCR aktiv	SCR passiv	mCCR	emCCR	eCCR
Gasart:	Sauerstoff	Nitrox evtl. Trimix	Nitrox evtl. Trimix	Sauerstoff und Diluent*	Sauerstoff und Diluent*	Sauerstoff und Diluent*
O2-Anteil:	nahezu const	nahezu const	nahezu const	veränderlich	veränderlich	veränderlich
O2-Teildruck:	zunehmend mit Tauchtiefe	zunehmend mit Tauchtiefe	zunehmend mit Tauchtiefe	manuell nachgesteuert	elektrisch nachgesteuert	geregelt
O2-Überwachung:	nicht vorhanden	optional empfohlen	optional erforderlich	redundant erforderlich	redundant erforderlich	min. redundant erforderlich
Berechnung Deko:	Tabelle Computer ext.	Tabelle Computer ext. Comp. O_2 int.	Tabelle Computer ext. Comp. O_2 int.	Comp. O_2 int.	Comp. O_2 int.	Comp. Int. Comp. O_2 int.

Diluent (Verdünnungsgas) bedeutet Luft, Nitrox, Triox oder Trimix
Computer ext. bedeutet Computer ohne Berücksichtigung des gemessenen O_2-Anteils im Loop
Computer O_2 int. bedeutet Computer mit Berücksichtigung des gemessenen O_2-Anteils im Loop
Computer int. bedeutet Computer ist Lieferbestandteil des CCR-Systems

Bild 24   Zusammenfassung Kreislauftauchgeräte

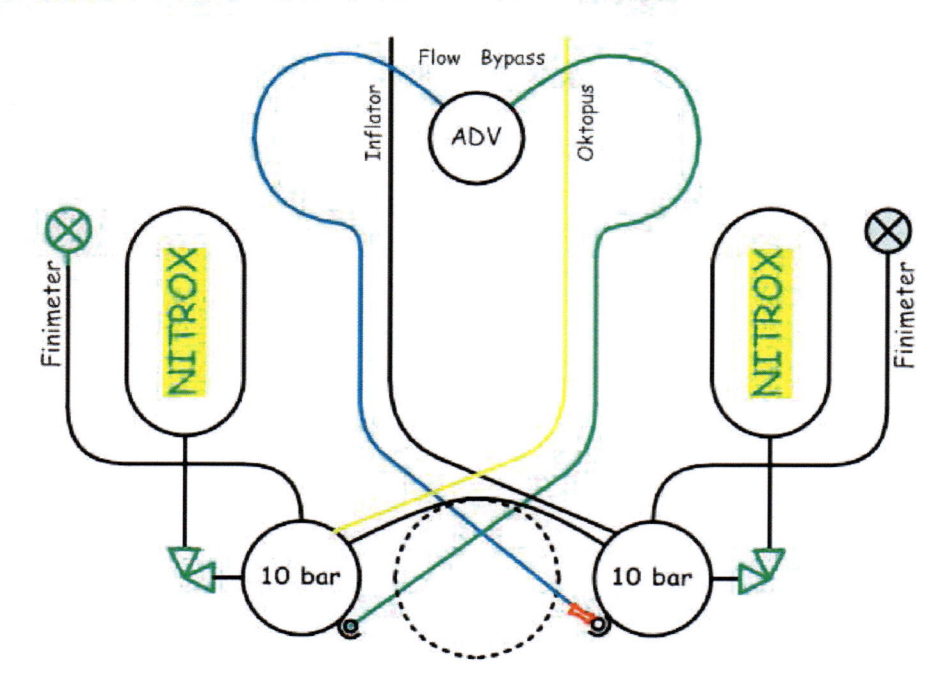

Bild 25   „Schaltschema" eines SCR (Quelle: Submatix)

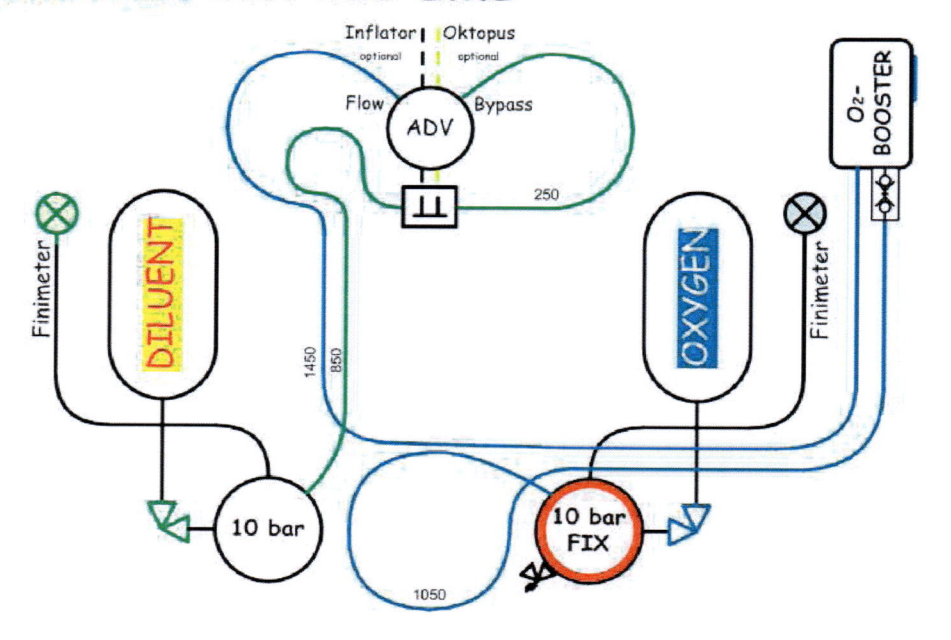

Bild 26   „Schaltschema" eines mCCR (Quelle: Submatix)

SUBMATIX emCCR 100 SMS

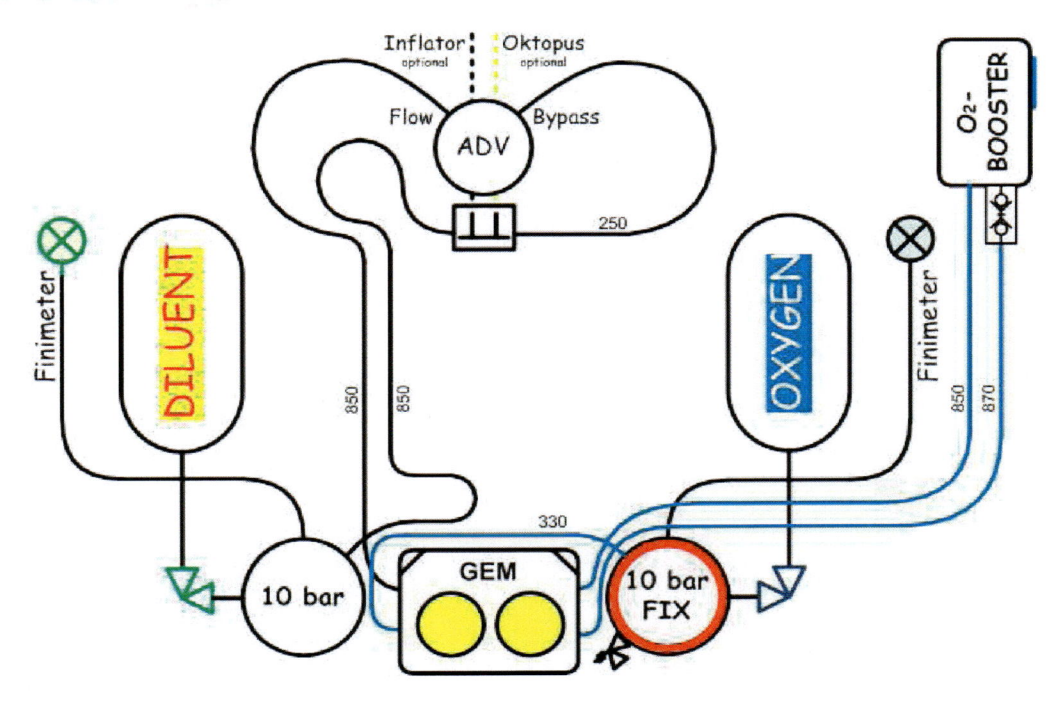

Bild 27   „Schaltschema" eines emCCR (Quelle: Submatix)

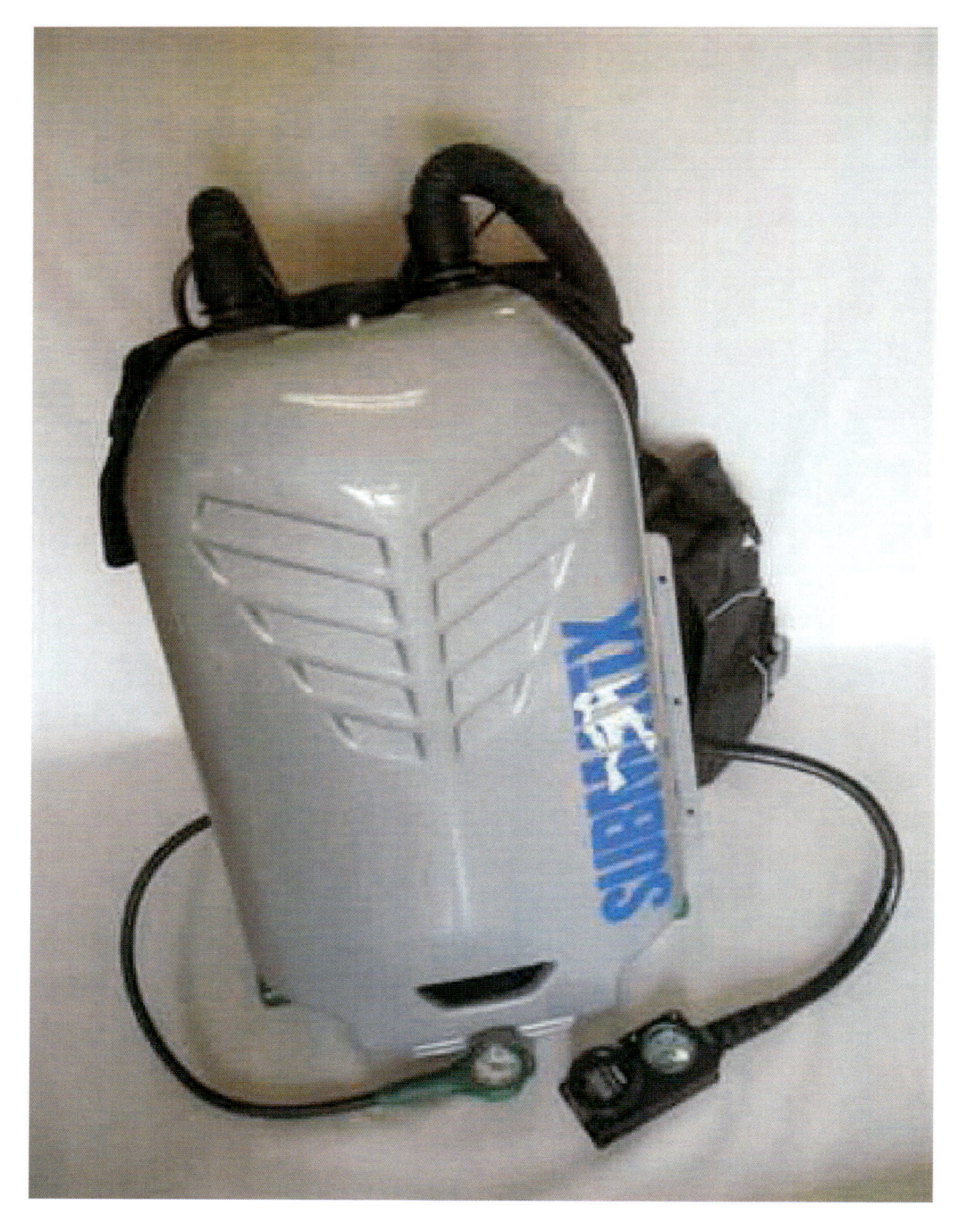

Bild 28 Rebreather mit geschlossenem Gehäuse (Quelle: Submatix)

Dem System kann auf den ersten Blick nicht angesehen werden, ob es sich um eine SCR, mCCR oder emCCR handelt. Erst ein Blick in das geöffnete Gehäuse und eine Betrachtung der Schläuche und Elektronik lässt erkennen, um welch einen Rebreathertyp es sich hier handelt.

Sauerstoffmessung für OC- und Rebreather-Taucher

Position für die Sensoren bei einem CCR

Position für die Sensoren in dem Einatembeutel bei einem SCR

Bild 29   Rebreather mit geöffnetem Gehäuse

4.0 ppO$_2$-Messung in einem SCR

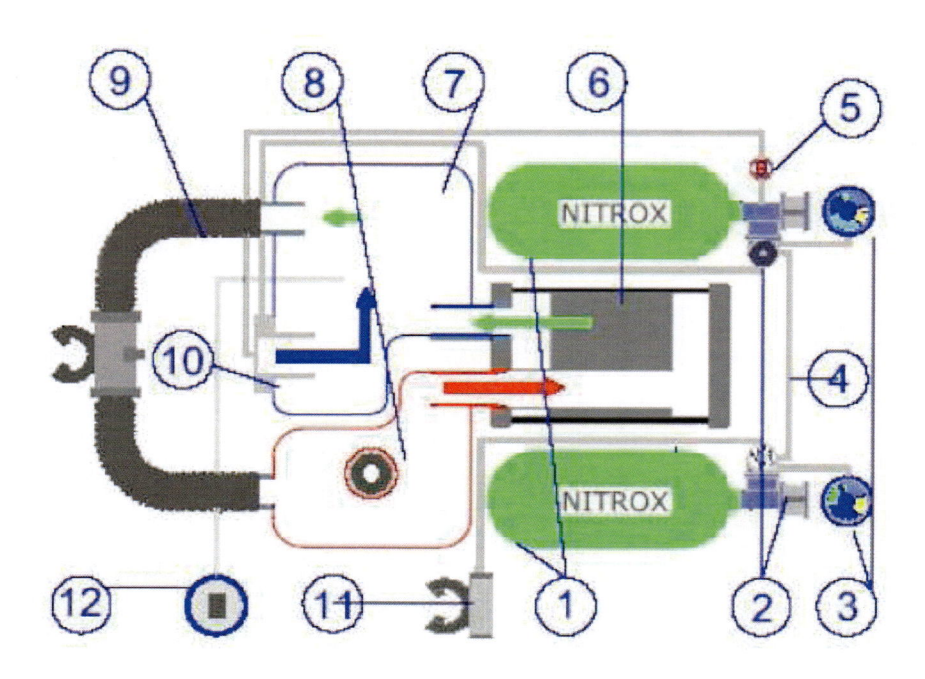

Bild 30   Prinzipskizze eines SCR (Quelle: Submatix)

1   Nitroxflaschen
2   Druckminderer Nitrox
3   Finimeter
4   Mitteldruckbrücke
5   Konstantflowdüse
6   Kalkbehälter
7   Einatembeutel
8   Ausatembeutel mit Überdruckventil
9   Atemschlauchgarnitur mit Walzenschiebermundstück
10   Bypassventil
11   Lungenautomat
12   ppO$_2$-Überwachung

Aus dem obigen Schema ist die Lage des Sauerstoffsensors der ppO$_2$-Überwachung im Einatembeutel zu erkennen. Oftmals werden bei SCR`s, bei welchen eine ppO$_2$-Überwachung nachgerüstet wird, der Sauerstoffsensor im Einatembeutel montiert (z.B. Dräger Dolphin und Submatix).
Messtechnisch gesehen handelt es sich hier nicht um eine ideale Position. Zum einen, da im Einatembeutel mit Feuchtigkeit gerechnet werden muss, zum anderen, da der Gasfluss für den Sensor strömungstechnisch nicht ideal ist. Als optimale Position wäre hier die Einatemseite des Atemschlauches bzw. der Übergang vom Einatembeutel in den Einatemschlauch zu nennen.

4.1 Selbstbau eines einfachen Messgerätes zur Überwachung des ppO₂

Bereits im Jahre 2000 hat einer der Pioniere der Sauerstoffmessung in Kreislaufgeräten, Mark Munro, die erste einfache Schaltung veröffentlicht (www.ppo2.com). Diese Schaltung ist in den letzten Jahren häufig nachgebaut worden.

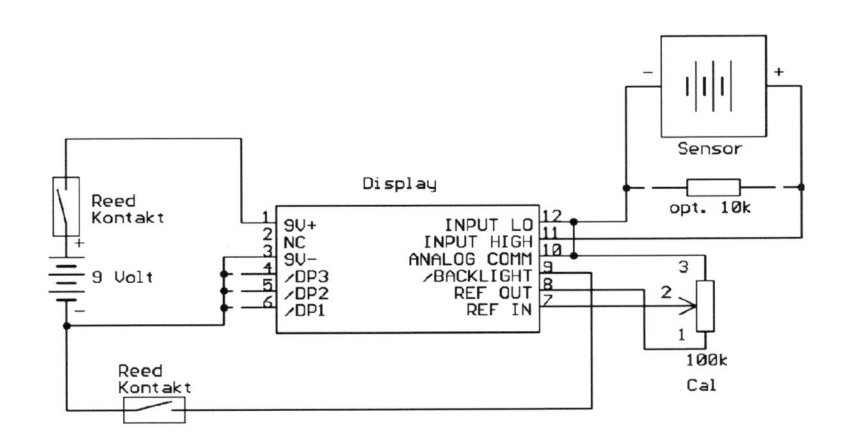

Bild 31   Schaltplan von Mark Munro

Ich selbst tauche seit 2003 mit einem eigenen Rebreather vom Typ „Dräger Dolphin" und nutze dieses Gerät leidenschaftlich gerne. Einzig missfallen hat mir eine fehlende Sauerstoffüberwachung an diesem Gerät bzw. anderen Rebreathern. Überrascht bin ich auch immer wieder darüber, wie wenige Freunde in der „Kreislaufgemeinschaft" eine derartige Überwachung bzw. einen Monitor nutzen. Wenn man an den hiesigen Seen Kreislaufgerätenutzer daraufhin anspricht, wird oft der hohe Preis von käuflich erwerbbaren Geräten genannt; der Selbstbau kann hier eine gute Alternative sein.

Ein selbstgebautes Gerät ist natürlich kein Ersatz für eine adäquate Ausbildung im Umgang mit Rebreathern (wie er zum Beispiel durch den R.A.B. gelehrt wird) und für den Einsatz des gesunden menschlichen Verstandes. **Der Sauerstoffmonitor ist als zusätzliches Instrument zu betrachten, welcher eine ordnungsgemäße Tauchgangsplanung etc. keinesfalls ersetzt.**

Meine erste Sauerstoffüberwachung war ein Nachbau der Schaltung von Marc Munro. Einige Details erwiesen sich für mich als nicht so praktikabel und so habe ich die Schaltung in einigen Punkten für mich entsprechend verbessert und nutze sie so zu meiner vollsten Zufriedenheit.

Das Gerät selbst habe ich mit SCR`s der Typen „Dräger Atlantis", „Dräger Dolphin", „Dräger Ray" und „Submatix 100 ST" getaucht und geprüft. Über Verbesserungsvorschläge und Hinweise zur Adaption an andere Kreislaufgeräte bin ich jederzeit dankbar.

Die Funktionsweise des Sensors haben wir im Teil 1 dieses Buches besprochen. Es ist also nicht sehr kompliziert, den Sensor entsprechend zu adaptieren.

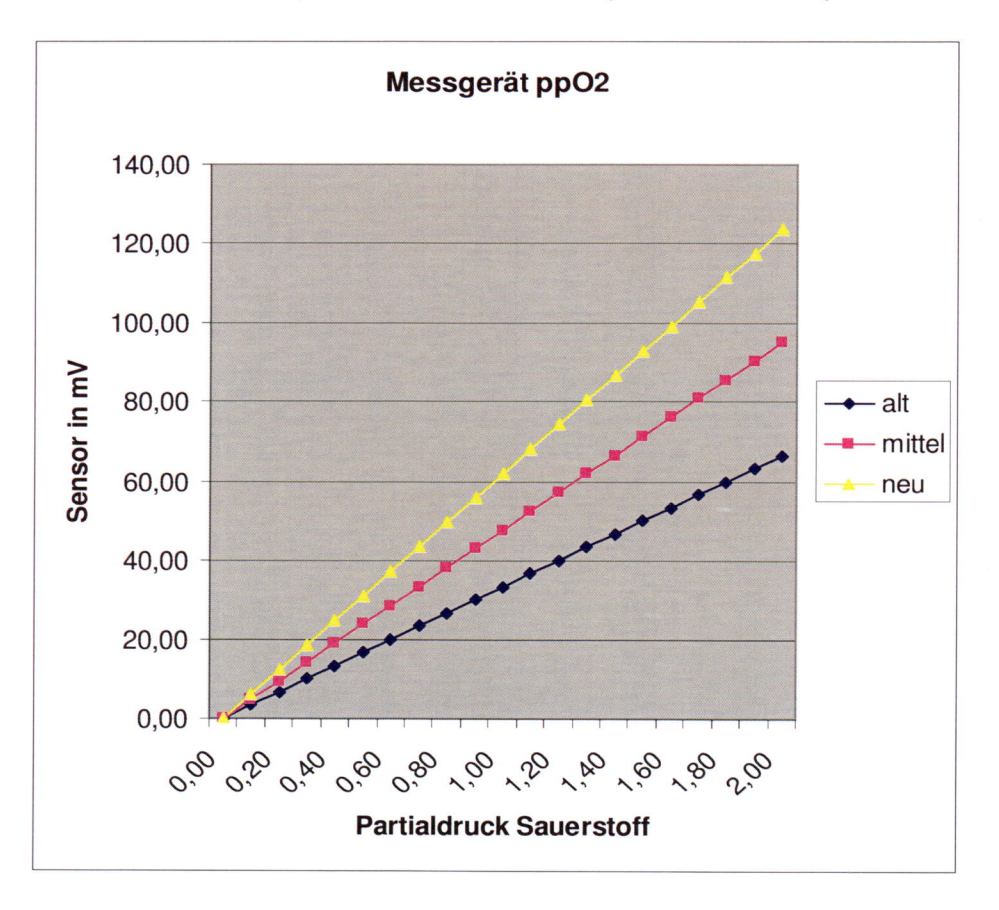

Bild 32   Zusammenhang Partialdruck O_2 und Sensorausgangsspannung in mV

Problem in einem Rebreather ist, im Gegensatz zur Analyse von Nitrox-Gemischen mit einem Sauerstoffmessgerät, die relativ hohe Feuchte. Zum Einsatz sollten hier also nur Sensoren gelangen, welche für den Einsatz in der Tauchtechnik konzipiert sind. In der Regel haben diese Sensoren eine zusätzliche „Membrane", welchen den Einfluss durch Feuchtigkeit verringern sollen. Bei der Analyse von Atemgasen werden auch Sensoren aus dem medizinischen Bereich verwendet, welche über diese „Membrane" nicht verfügen.

4.1.0 Gerätebeschreibung

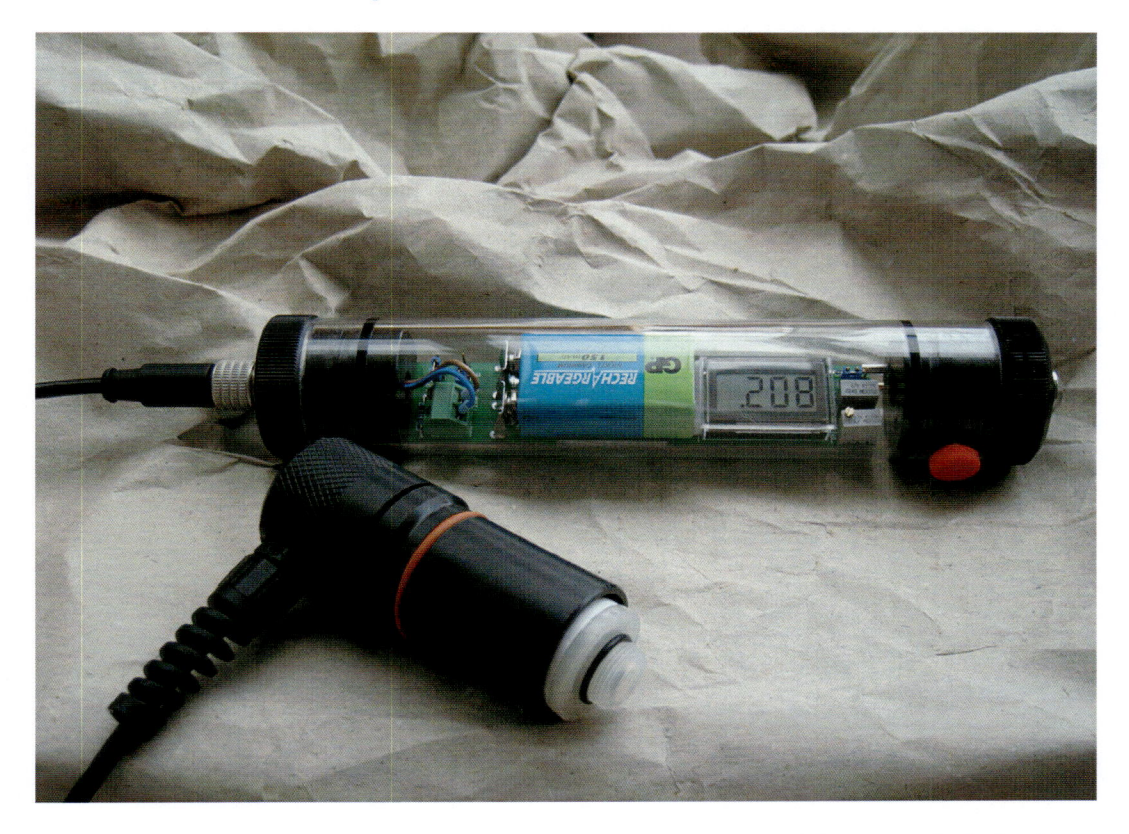

Bild 33 Gerät bestehend aus Anzeigeeinheit (Display) und Sensor mit Aufnahme

Das Gerät von Marc Munro verfügt über zwei drehbare Ringe, welche auf die Plexiglasröhre gesetzt sind. Mit dem ersten Ring wird das Gerät über einen Reed-Kontakt eingeschaltet, über den zweiten Ring kann die Hintergrundbeleuchtung des Displays, ebenfalls über einen Reed-Kontakt, zugeschaltet werden.
Ich wollte das Gerät etwas kompakter gestalten und habe unter anderem diese beiden Details anders gelöst.

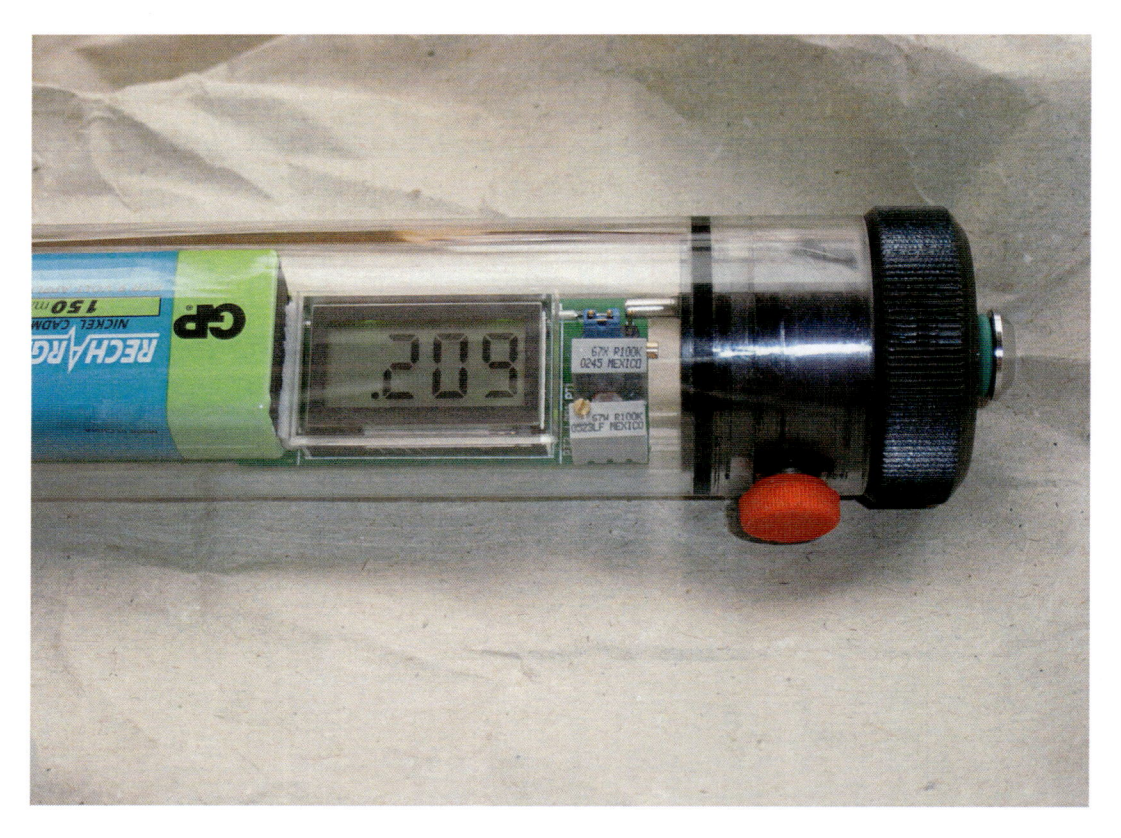

Bild 34   Einschalten des Gerätes

Das Einschalten des Gerätes vor dem Tauchgang erfolgt mittels einer Drehung des rechten schwarzen Knopfes um 90 Grad - im Uhrzeigersinn -; hierbei wird ebenso ein Reed-Kontakt über einen Permanentmagnetstift geschaltet. Die Arretierung der Schaltstellungen Ein und Aus erfolgt über die rote Rändelschraube.
Das Einschalten der Beleuchtung erfolgt über die beim Tauchen mitgeführte Taucherlampe. Im rechten Teil der Platine befindet sich ein LDR (lichtabhängiger Widerstand). Wird dieser LDR kurzzeitig mit einer Taucherlampe angestrahlt, schaltet sich die Hintergrundbeleuchtung für eine einstellbare Zeit ein.

4.1.1 Anzeigeeinheit

Bild 35   Die Anzeigeeinheit unter Wasser

Die Anzeige bzw. das Display des „ppO$_2$-Monitors" ist das Herzstück des Gerätes. Neben der Platine enthält es die gesamte Elektronik nebst Batterie und Display. Auf der Platine sind einige Jumper und zwei Potentiometer angebracht.

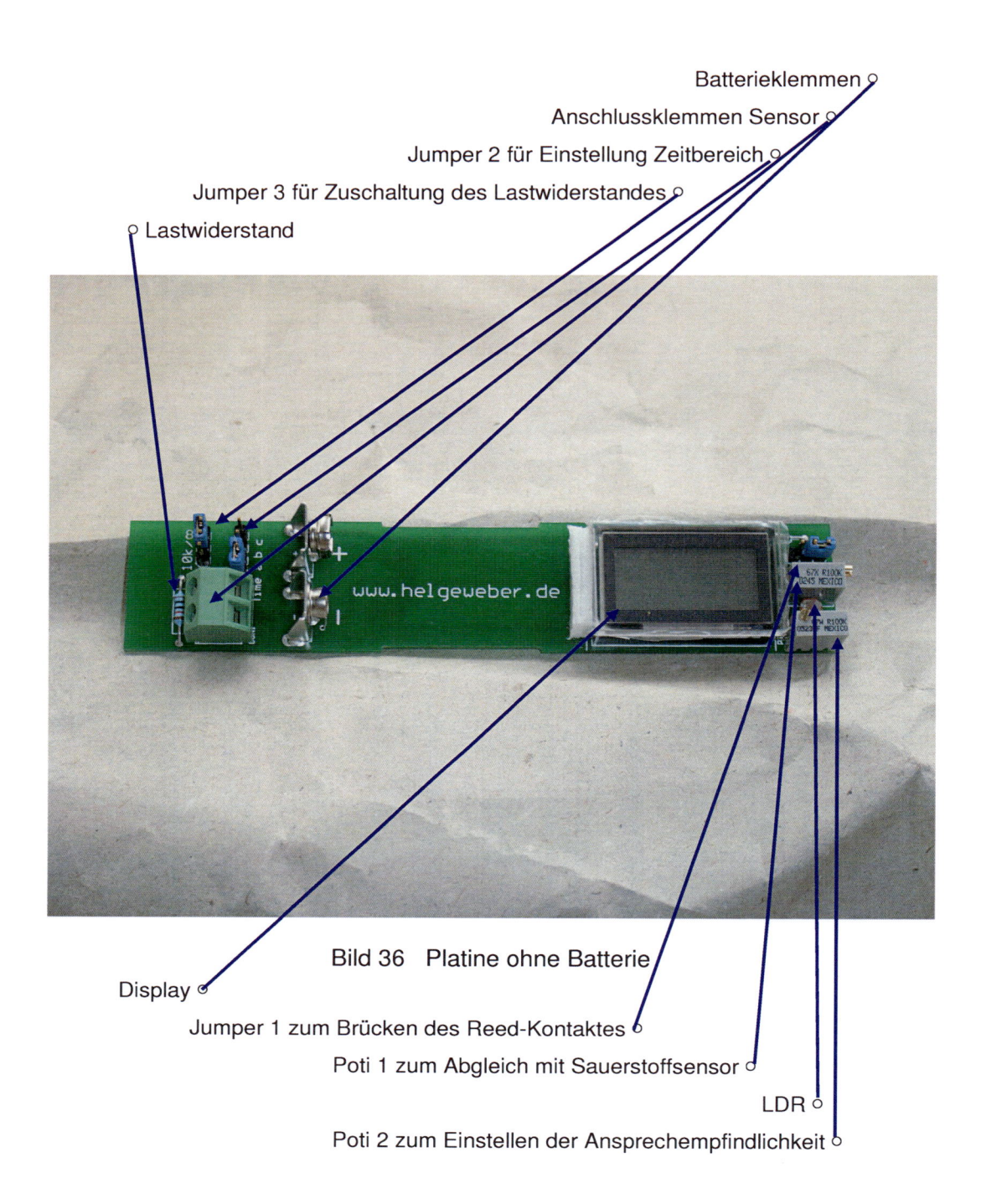

Batterieklemmen
Anschlussklemmen Sensor
Jumper 2 für Einstellung Zeitbereich
Jumper 3 für Zuschaltung des Lastwiderstandes
Lastwiderstand

Bild 36   Platine ohne Batterie

Display
Jumper 1 zum Brücken des Reed-Kontaktes
Poti 1 zum Abgleich mit Sauerstoffsensor
LDR
Poti 2 zum Einstellen der Ansprechempfindlichkeit

Potentiometer 1 (rechts oben im Bild):

Mit diesem Potentiometer wird die Kalibrierung des Gerätes in normaler Umgebungsluft vorgenommen (hierbei bitte 3.3.1 berücksichtigen).

Jumper 1 (rechts im Bild):

Mit diesem Jumper kann der Reed-Kontakt zum Einschalten überbrückt werden. Dieses ist beim Testen und Warten des Gerätes sehr hilfreich.

Potentiometer 2 (rechts unten im Bild):

Mit diesem Potentiometer wird die Ansprechempfindlichkeit für den LDR (zum Start des Beleuchtungstimers) eingestellt. Abgleich: Poti bis zum rechten Anschlag einstellen und dann ca. 3 Umdrehungen nach links.
weitere Umdrehungen nach links   : Ansprechempfindlichkeit wird niedriger
weitere Umdrehungen nach rechts : entsprechend höher

Jumper 3 (links im Bild):

Zum Sensor kann damit ein Widerstand von 10 kΩ parallel geschaltet werden.

Jumper 2 (links im Bild):

Mit dieser Jumpergruppe kann die Einschaltdauer der Hintergrundbeleuchtung des Displays eingestellt werden.

Jumper A = 10 sec.
Jumper B = 30 sec.
Jumper C = 60 sec.

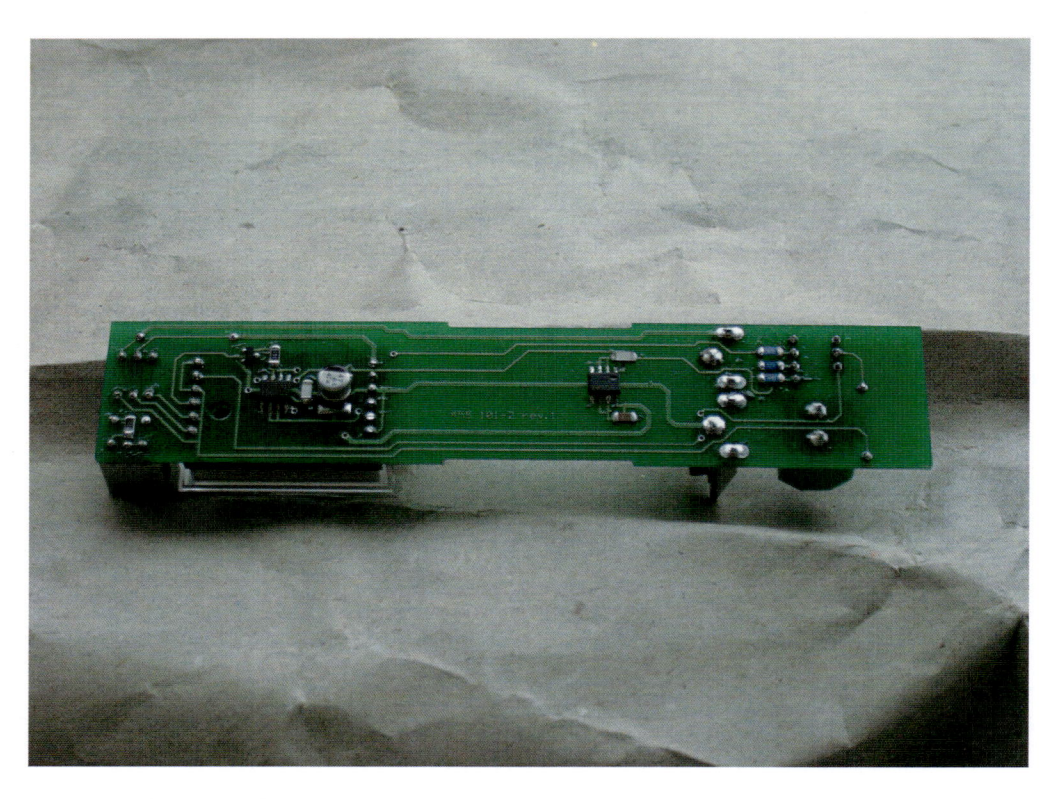

Sauerstoffmessung für OC- und Rebreather-Taucher

Bild 37   Rückansicht der Platine (keine Elemente für Nutzer)

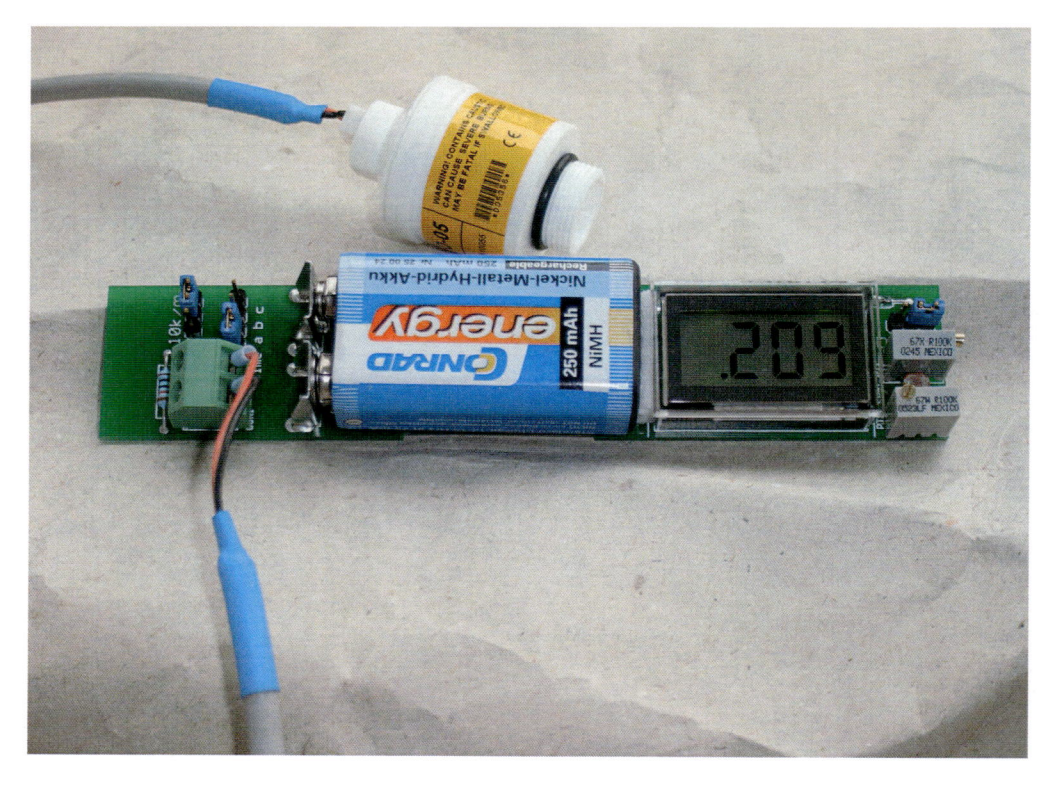

Bild 38   Platine mit Batterie und angeschlossenem Sensor

4.1.2 Sensoreinheiten

4.1.2.1 Sensoreinheit für das „Dräger Dolphin"

Bild 39   Sensoreinheit im Einatembeutel des „Dräger Dolphin"

Zur Benutzung des Gerätes in einem Dolphin wird der normale Einatembeutel mit vier Anschlüssen benötigt (Dräger Bestell-Nr. T 52 004). Der Stopfen, der seitens Dräger für ein Messgerät vorgesehen ist, wird entfernt und die Sensoreinheit einfach eingeschoben. Hier ist deutlich das „Einrastgeräusch" bei der Montage wahrnehmbar.

4.1.2.2 Sensoreinheit für das „Dräger Atlantis"

Das „Dräger Atlantis" ist das Vorgängermodell des „Dräger Dolphin". Falls hier noch ein alter Atembeutel montiert ist, verfügt dieser nicht über den Anschluss für das Messgerät. Hier ist der Einatembeutel auszutauschen.

4.1.2.3. Sensoreinheit für das „Dräger Ray"

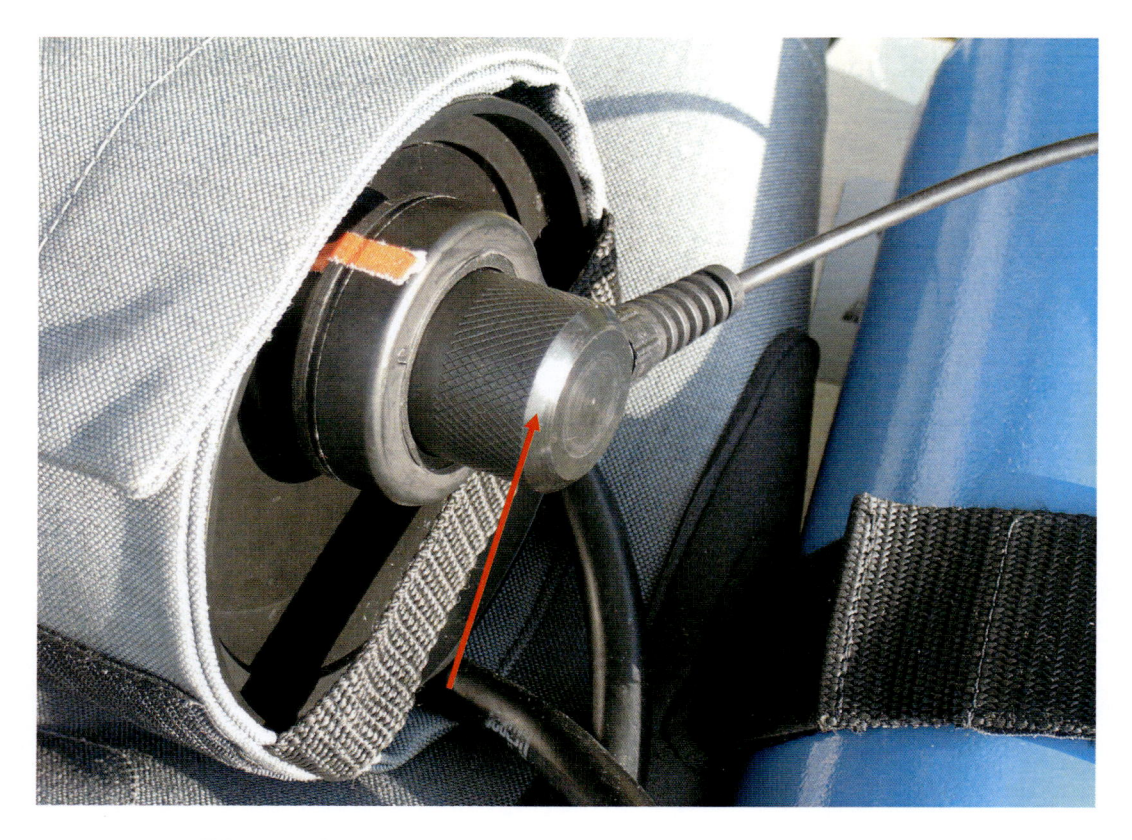

Bild 40   Sensoreinheit im Kalkbehälter des „Dräger Ray"

Die Sensoreinheit wird hier in die entsprechend vorgesehene Öffnung des Atemkalkbehälters geschoben.

4.1.2.4   Sensoreinheit für das „Submatix SCR 100 ST"

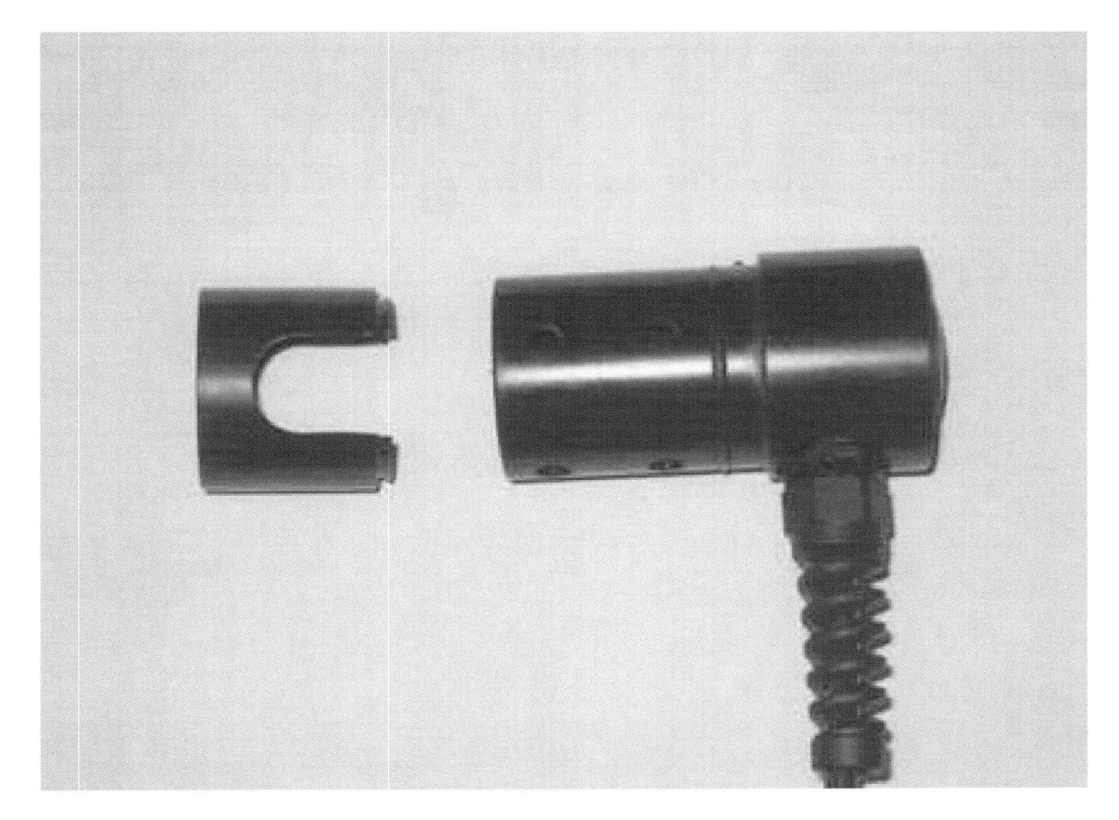

Bild 41   Sensoreinheit für den Einatembeutel „Sensorkopf S-Con"
(Quelle: Submatix)

Im Gegensatz zu den Sensoreinheiten für die Dräger-Systeme ist hier bei der Montage nicht das typische „Klicken" beim Einrasten des Sensorkopfes zu hören. Der S-Con Sensorkopf wird in die zugehörige Sensorfassung eingesteckt; hierbei ist darauf zu achten, dass der Verriegelungsstift in die zugehörige Nut geführt wird. Anschließend erfolgt eine Verdrehung um 180°. Nach dieser Drehung ist der Sensor gesichert.

4.1.3 Sensoreinheit zur Analyse von Nitrox

Der ppO$_2$-Monitor kann selbstverständlich auch zur Analyse des Premixes verwendet werden. Die Anwendung und Handhabung erfolgt wie in Kapitel 2.2 und 2.3 beschrieben.

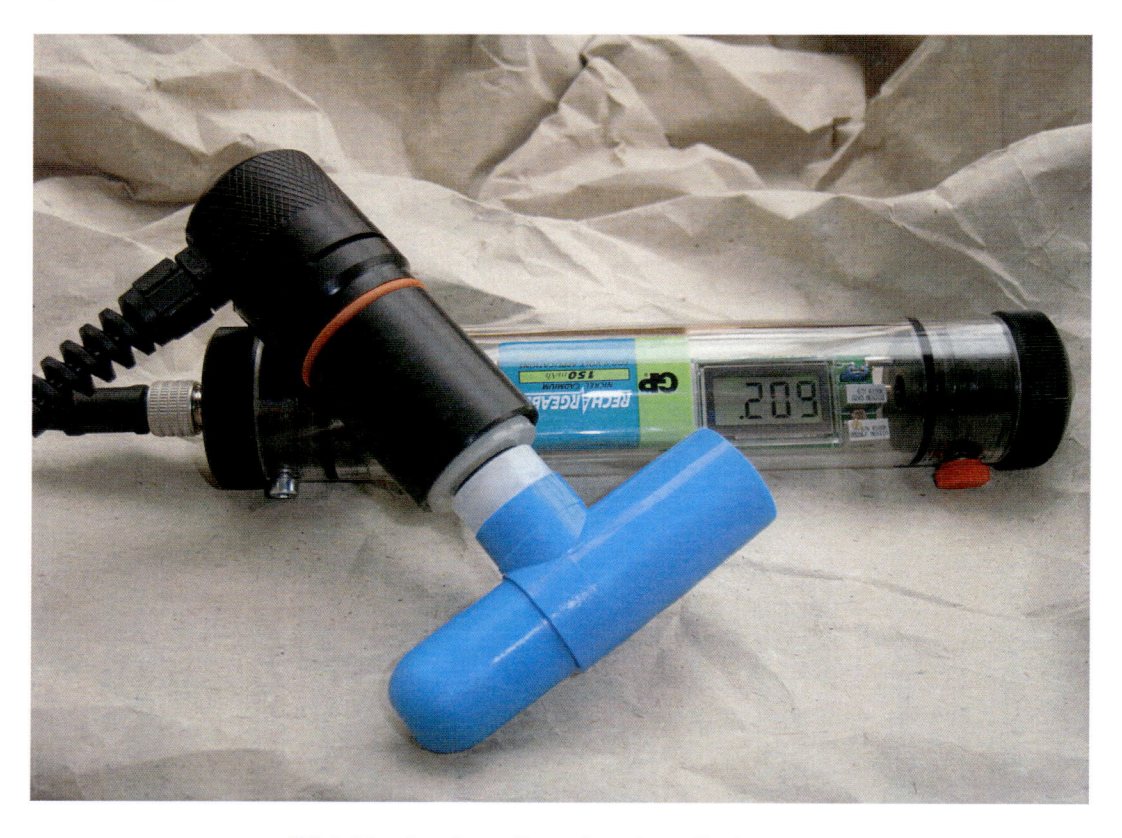

Bild 42   Analyse Premix mit ppO$_2$-Monitor

4.1.4 Vorbereitung und Gebrauch beim Tauchen

Schritt 1   Einschalten des Gerätes

- Fixierungsschraube lösen
- rechten schwarzen Knopf drehen, bis Display eingeschaltet ist
- Fixierungsschraube in dieser Schaltstellung fixieren

Schritt 2   Kalibrieren des Gerätes

- Imbus-Schraube im rechten Deckel entfernen
- mit Schraubendreher auf 0,209 stellen (in Umgebungsluft!)
- mit Imbusschraube wieder verschließen

Schritt 3   Alle Herstellerprüfungen durchführen

- nach jeweiliger Bedienungsanweisung

Schritt 4   Montage der Sensoreinheit

- Blindstopfen in Einatembeutel entfernen
- Sensoreinheit montieren (hörbares Einrasten)
- Plausibilität des angezeigten Messwertes überprüfen
  (zum Beispiel 0,400 bei einem EAN40)

Schritt 5   Dichtheit der Sensoreinheit prüfen

Schritt 6   Tauchen

Bei zunehmender Tiefe bzw. steigendem Umgebungsdruck erhöht sich der Anzeigewert.

4.1.4.1   Berücksichtigung der Höhenbereiche bzw. des Luftdruckes

In der Tauchausbildung lernen wir zu dem Thema Luftdruck: „Weil Luft komprimierbar ist, nimmt mit zunehmender Höhe ihre Dichtigkeit ab". In der Praxis verwenden wir also Austauchtabellen entsprechend z.B. 0 – 700 m ü.N.N (DECO 2000), 701 – 1500 m ü.N.N. (DECO 2000.1) oder stellen ggf. den Tauchcomputer auf die entsprechende Höhe ein.
Dieses muss selbstverständlich auch bei unserem Sauerstoffmonitor Berücksichtigung finden. Näherungsweise gilt, dass bei einer Höhenzunahme um 5500 m der Luftdruck auf die Hälfte des vorhergehenden Wertes abnimmt. Diesen Zusammenhang müssen wir selbstverständlich auch bei unserem Sauerstoffmonitor berücksichtigen. Zur genauen Berechnung bzw. Kalibrierung unseres Sauerstoffmonitors verwenden wir also die untenstehende Tabelle. Die rechnerischen Werte ergeben sich nach der „barometrischen Höhenformel" bei Annahme einer Temperatur von 20°C.
Die barometrische Höhenformel beschreibt die vertikale Verteilung der Gasteilchen in der Atmosphäre, also die Änderung des Luftdruckes mit der Höhe. Diese vertikalen Druckgradienten sind aber stark vom Wetter abhängig und daher eher im rechnerischen Wert ungenau. Idealerweise wird also der Luftdruck an der Tauchstelle gemessen und der einzustellende O_2-Anteil rechnerisch ermittelt.

Höhenbereich [m]	mittlere Höhe [m]	Luftdruck * [mbar]	ang. ppO_2 [bar]
0	0	1013,0	0,212
0 - 300	150	995,5	0,208
301 - 600	450	961,6	0,201
601 - 900	750	929,3	0,194
901 - 1200	1050	898,3	0,188
1201 - 1500	1350	868,6	0,182
1501 - 1800	1650	840,2	0,176
1801 - 2100	1950	813,0	0,170
2101 - 2400	2250	786,8	0,164
2401 - 2700	2550	761,8	0,159
2701 - 3000	2850	737,8	0,154
3001 - 3300	3150	714,7	0,149
3301 - 3600	3450	692,6	0,145
3601 - 3900	3750	671,3	0,140
3901 - 4200	4050	650,9	0,136

* bei einer angenommenen Temperatur von 20 Grad Celsius

Bild 43   Höhentabelle

4.1.5 Tauchpraxis mit dem ppO$_2$-Monitor

In der Einleitung dieses Teiles (3.0) wies ich bereits darauf hin, dass der ppO$_2$-Monitor als zusätzliches Instrument zu betrachten ist, also eine ordnungsgemäße Tauchgangsplanung keinesfalls ersetzt. Das wichtigste Instrument der Taucherin bzw. des Tauchers (neben Uhr und Tiefenmesser sowie ggf. einem Tauchcomputer) ist das Gehirn bzw. der Verstand.
Bei der Interpretation der Anzeigewerte sollte der Verstand unbedingt eingesetzt werden. Bei der Bewertung der Anzeigewerte müssen wir uns über die denkbaren Fehlerquellen im Klaren sein. Hier gilt es, folgende Rahmenbedingungen zu berücksichtigen:

Der Druck im Inneren unseres Kreislaufgerätes ist etwas größer als der Umgebungsdruck. Diese Druckdifferenz ist abhängig von der Einstellung unseres einstellbaren Überdruckventils, z.B. dem „Dolphin". Erfahrungsgemäß wird das einstellbare Überdruckventil bei Beginn des Tauchgangs auf einen minimalen Ansprechdruck eingestellt. Dieses gewährt einen guten Kompromiss zwischen den Parametern Atemwiderstand, Atemzugvolumen und Auftrieb des Gerätes. Je größer der Überdruck im Atembeutel gegenüber dem Umgebungsdruck, desto größer ist die Abweichung. Bei konstanten Druckdifferenzen ist der Fehler auch konstant.
Weitaus bedeutender und wesentlicher für den Anzeigewert ist der tatsächlich verbrauchte Sauerstoff. Aus der Ausbildung zum Rebreather-User ist bekannt, dass der Sauerstoffverbrauch zwischen 0,5 und ca. 2,0 Liter Sauerstoff liegen kann. Entsprechend des tatsächlichen Verbrauchs stellt sich der Wert im Atembeutel ein. Dieser Wert kann rechnerisch für das jeweilige System ermittelt werden bzw. überschlägig kann die 80%-Regel zur Anwendung gelangen. Das heißt, wir gehen davon aus, dass bei der üblichen Belastung beim Tauchen der Sauerstoffgehalt in unserem Einatembeutel 80% des Sauerstoffanteils des Premixes beträgt.
Einen weiteren Einfluß haben natürlich die Temperatur und die Feuchtigkeit. Nach Beginn der Reaktion im Atemkalk stellt sich in der Regel in hiesigen Gewässern eine höhere Temperatur als beim Abtauchen ein. Weiteren Einfluss hat die Feuchtigkeit im System; in der Regel steigt auch die Feuchtigkeit im System mit zunehmender Tauchzeit.

Im Anhang finden sich Tabellen für die Partialdrücke für EAN32, EAN36, EAN40, EAN50, EAN60, EAN80 und reinen Sauerstoff. Den Tabellen kann der rechnerische Partialdruck auf der jeweiligen Tiefe entnommen werden. Im Falle der EAN-Gemische sollte sich ein Wert von ca. 80% des Premixes beim Tauchen einstellen.

Zur Verifizierung der Genauigkeit des ppO$_2$-Monitors wurden Testtauchgänge mit der O$_2$-Pooldosierung (T53 291) von Dräger durchgeführt. Die maximale Abweichung des Anzeigewertes von dem rechnerisch zu erwartenden Messwert betrug max. 0,05 bar bei Tauchtiefen zwischen 0,5 und 6,0 bzw. 10 m.

Der Benutzer des ppO$_2$-Monitors sollte sich anhand des Premixes und der aufgesuchten Tauchtiefe über den Wert, welcher sich voraussichtlich einstellen wird, im Klaren sein. Ein Anzeigewert über 1,4 bzw. 1,6 bar darf auf keinen Fall toleriert oder gar ignoriert werden! Ebenso darf natürlich ein Anzeigewert unter 0,21 bar (Hypoxie) nicht toleriert oder gar ignoriert werden.

Es ist - auch mit ppO$_2$-Monitor - nicht zulässig, eine nicht zugelassene Kombination aus Premix und Konstantdosierung zu verwenden! Bei entsprechender körperlicher Belastung kann das zu Hypoxie-Erscheinungen führen!

Trotz ppO$_2$-Monitor ist die Dosierung vor jedem Tauchgang nach Herstelleranleitung des Rebreathers zu prüfen!

Bei Verständnis und Berücksichtigung der vorgenannten Sicherheitshinweise und der üblichen Tauchgangsplanung macht der ppO$_2$-Monitor das Tauchen mit Rebreathern sicherer!

4.2 Messgerät zur Überwachung des ppO$_2$ "Oxyscan 100 Pro A"

Der „Oxyscan 100 Pro A" ist ein CE-geprüfter ppO$_2$-Monitor aus dem Hause Submatix. Der wesentliche schaltungstechnische Designunterschied liegt im Inneren verborgen.

Das in dem vorigen Kapitel 4.1 vorgestellte Gerät basiert lediglich auf einer Handvoll diskreten Bauteilen. Herzstück des Oxyscan ist ein µ-Controller (Computer). Auf der einen Seite kann dieses die Bedienung des Gerätes komplizierter machen, auf der anderen Seite erschließt sich durch den Einsatz eines programmierbaren µ-Controllers eine Fülle einfach zu realisierender zusätzlicher Funktionen wie zum Beispiel eine automatische Kalibrierung. Leider gibt es für den Oxyscan 100 Pro A eine kleine Einschränkung. Auf Grund der automatischen Kalibrierung ist das Gerät nicht zum Bergseetauchen geeignet.

4.2.1 Anzeigeeinheit des „Oxyscan 100 Pro A"

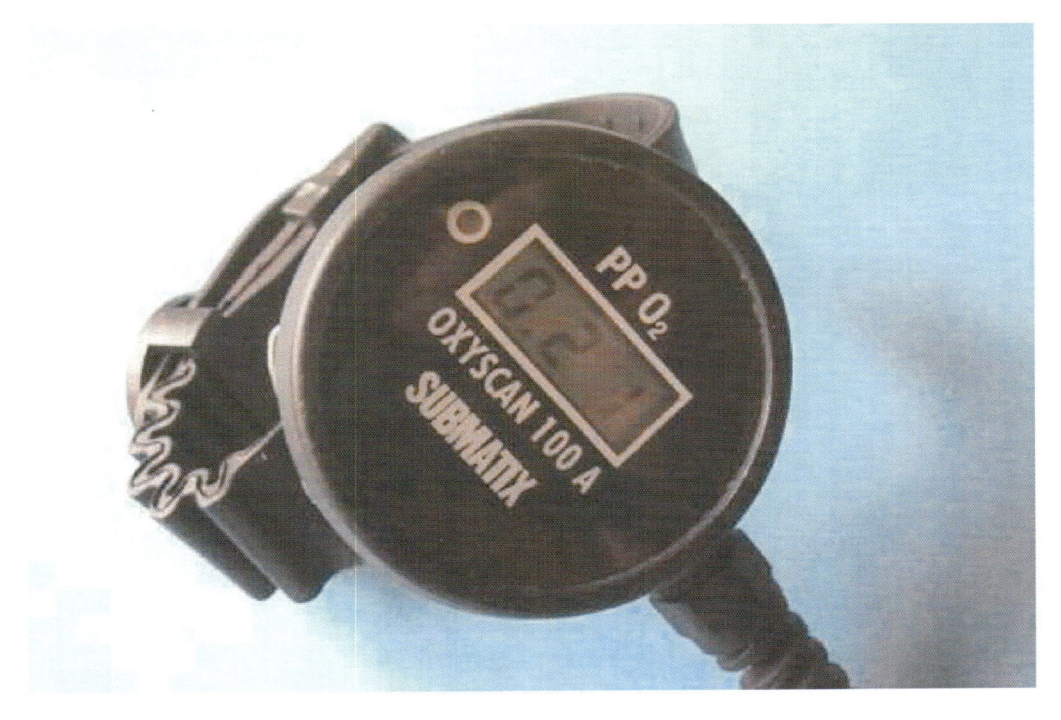

Bild 44   Anzeigeeinheit Oxyscan (Quelle: Submatix)

Der Oxyscan ist mit dem Kabelabgang zum Sensor wahlweise für links oder rechts erhältlich. In der Regel wird hier der S-Con Sensorkopf in einem SCR verwendet (siehe 4.1.2.4)

4.2.2 Vorbereitung und Gebrauch beim Tauchen (kalibrieren)

Vor der Installation des Sensorkopfes in den Einatembeutel muss der Oxyscan 100 Pro A mit Luft, also mit 21%-Sauerstoffanteil, kalibriert werden.
Nach Abschluss des Über- und Unterdrucktestes muss die Kalibrierung mit dem verwendeten Nitrox geprüft werden.
Nach dem Unterdrucktest wird das System zum Beispiel mit einem EAN40 gespült. Nach dem Spülvorgang muss die Anzeige quergeprüft werden und die Anzeige muss dem verwendeten Gas entsprechen. Bei dem Beispiel mit EAN40 muss also 0,40 im Display ablesbar sein. Die zulässige Abweichung darf maximal ± 1% betragen.
Wichtig ist, den Oxyscan vor jedem Tauchgang neu zu kalibrieren. Während eines Transportes könnte sich der Oxyscan versehentlich einschalten; dieses würde unweigerlich zu einer Fehlkalibrierung führen. Daher muss der Sensorkopf während der Lagerung und dem Transport immer aus dem Atembeutel entfernt werden! Im nachfolgenden Kapitel für das mCCR wird die Kalibrierung des Gerätes nochmals detaillierter erläutert.
Für das Oxyscan 100 Pro A ist optional ein Messadapter für die Schnellkupplung des Inflatoschlauches erhältlich. Mit diesem kann der Sauerstoffanteil in einem Atemgas gemessen werden.

Die Beschreibung zuvor bezieht sich auf das Oxyscan 100 Pro A. In anderen Geräten werden teilweise auch andere Verfahren zur Kalibrierung angewendet. Eine weitere Möglichkeit kann eine Kalibrierung mit reinem Sauerstoff oder einem anderen Referenzgas sein. Die Anleitungen der Hersteller sind entsprechend zu beachten.

4.3 ppO$_2$-Messung in einem mCCR

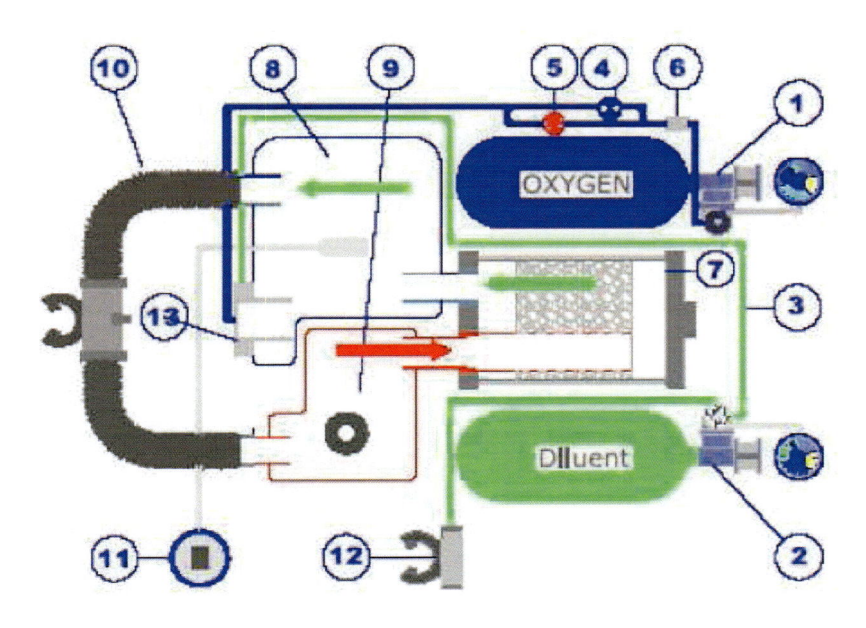

Bild 45   Prinzipskizze eines mCCR (Quelle: Submatix)

1   Druckminderer Sauerstoff mit Finimeter
2   Druckminderer Diluent mit Finimeter
3   Zuleitung Diluent zum Bypass
4   Einstellbares Nadelventil
5   Booster
6   Filter
7   Kalkbehälter
8   Einatembeutel
9   Ausatembeutel mit Überdruckventil
10   Atemschlauchgarnitur mit Walzenschiebermundstück
11   ppO$_2$-Überwachung (doppelt, also redundant notwendig!)
12   Lungenautomat
13   Bypassventil

4.3.1 Redundanz der ppO$_2$-Überwachung

Auf Grund der Risiken eines CCR`s wird dieser praktisch nicht mit einem einfachen ppO$_2$-Monitor getaucht. Ein Ausfall bzw. eine Fehlfunktion des Monitors könnten unakzeptable Risiken für die Gesundheit und sogar des Lebens bedeuten. Daher wird bei einem CCR immer mindestens ein redundantes System verwendet. Redundanz bedeutet hier, dass zwei gleichwertige Systeme zur Überwachung des Sauerstoffteildruckes verwendet werden. Zeigen die Systeme innerhalb eines gewissen Toleranzbandes Abweichungen voneinander, führt dieses zum Abbruch des Tauchganges und einem entsprechenden Aufstieg!

Andere Systeme verwenden hier teilweise drei anstatt zwei Sensoren. Die drei Sensorsignale werden dem μ-Controller zugeführt.
Dieser entscheidet nach gewissen Kriterien, welche zwei der drei Sensoren zur Auswertung herangezogen werden. Teilweise wird diese Logik auch als „Voting-Logic" bezeichnet. Je nach Herangehensweise des Programmierers muss eine Voting-Logic nicht zwingend sicherer sein als ein redundantes System!
Die Redundanz ist also erforderlich, um den Taucher sicher vor Hypoxie oder Hyperoxie zu schützen!
Neben der Anzeige der beiden Messwerte verfügen die Submatix-Geräte zusätzlich über einen optischen und einen akustischen Alarm. Die im Monitor fest eingestellten ppO_2-Setpoints betragen 0,4 bar für den unteren zulässigen Grenzwert und 1,3 bar für den oberen zulässigen Grenzwert. Diese Werte sind, je nach Tauchsituation, spätestens alle drei Minuten zu kontrollieren. Diese Kontrolle bedeutet also zunächst, die beiden angezeigten Werte miteinander zu vergleichen. Ist hier eine Anzeigeabweichung zwischen den Geräten größer als 0,05 bar, so ist der Tauchgang abzubrechen und der Aufstieg einzuleiten. Unter Wasser kann evtl. nicht festgestellt werden, welcher Sensor hier abweicht.
Bei diesen, von dem einen oder anderen sicher als konservative Setpoints eingeschätzt, bleibt genügend Zeit, auf die Anzeigewerte bzw. Alarme zu reagieren: Falls der ppO_2-Wert zu niedrig ist, muss mittels des Gasboosters Sauerstoff zugeführt werden. Falls der ppO_2-Wert zu hoch ist, muss dem System Diluent zugeführt werden. Die Zuführung kann über den Bypass, bzw. sofern vorhanden, über den Diluent Booster erfolgen.
Für die Dekompressionsplanung kann bzw. sollte zusätzlich ein Dekompressionscomputer verwendet werden. Wesentliches Anforderungskriterium an diesen Tauchcomputer ist es, einen zusätzlich angeschlossenen Sauerstoffsensor verarbeiten zu können. Nur die Berücksichtung des ppO_2 über das Tauchgangsprofil ermöglicht eine ideale Dekompression. Am Markt sind derzeit leider noch nicht viele Tauchcomputer erhältlich, welche über die erforderlichen Anschlussmöglichkeiten eines Sauerstoffsensors verfügen. Selbstverständlich wird beim Aufstieg auf 6 m (bzw. 4 m nach Herstellerangabe Submatix) ein Sicherheitsstopp durchgeführt. Auf diesem Stopp wird das System mit reinem Sauerstoff gespült.

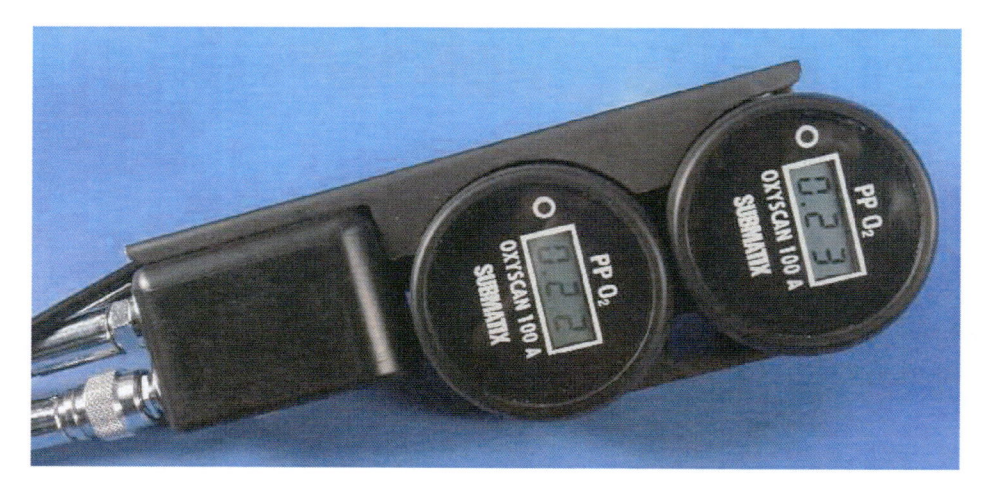

Bild 46   Redundante ppO_2-Monitoren eines mCCR (Quelle: Submatix)

4.3.2 Multisensorkopf MSK

Aus den vorherigen Ausführungen haben wir geschlossen, dass wir in einem mCCR in der Regel zwei bzw. drei Sauerstoffsensoren benötigen. Zwei Sensoren für die redundanten ppO_2-Monitoren und optional einen für einen evtl. angeschlossenen Tauchcomputer. Diese Anzahl von Sensoren muss also entsprechend in dem Rebreather-System positioniert werden:

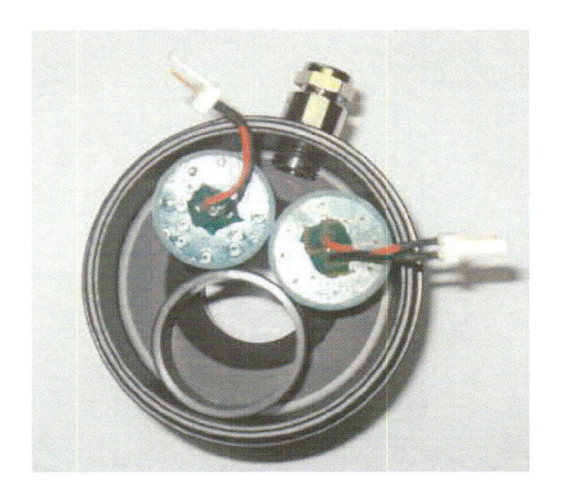

Bild 47 und 48   Sensorenanordnung im Multisensorkopf MSK (Quelle: Submatix)

Bereits im Kapitel für SCR haben wir erkannt, dass eine Positionierung der Sauerstoffsensoren im Einatembeutel nicht als optimal erachtet werden kann. Der MSK ist zwischen Einatembeutel und Anfang des Einatemschlauches positioniert. Diese Position hat zwei Vorteile: Zum einen fördert sie eine ideale Gasdurchmischung, zum anderen sind die Sensoren an dieser Position optimal vor Feuchtigkeit und ggf. Wasser im Einatembeutel geschützt.
Der MSK kann, je nach Sensortyp, zwischen zwei und vier Sauerstoffsensoren aufnehmen.

4.3.3 Komplette Elektronikkonfiguration für einen mCCR

Redundante Oxyscan

Anschluss für Tauchcomputer (Shearwater oder VR3)

Multisensorkopf

Rangiereinheit für Verkabelung

Head-up Display

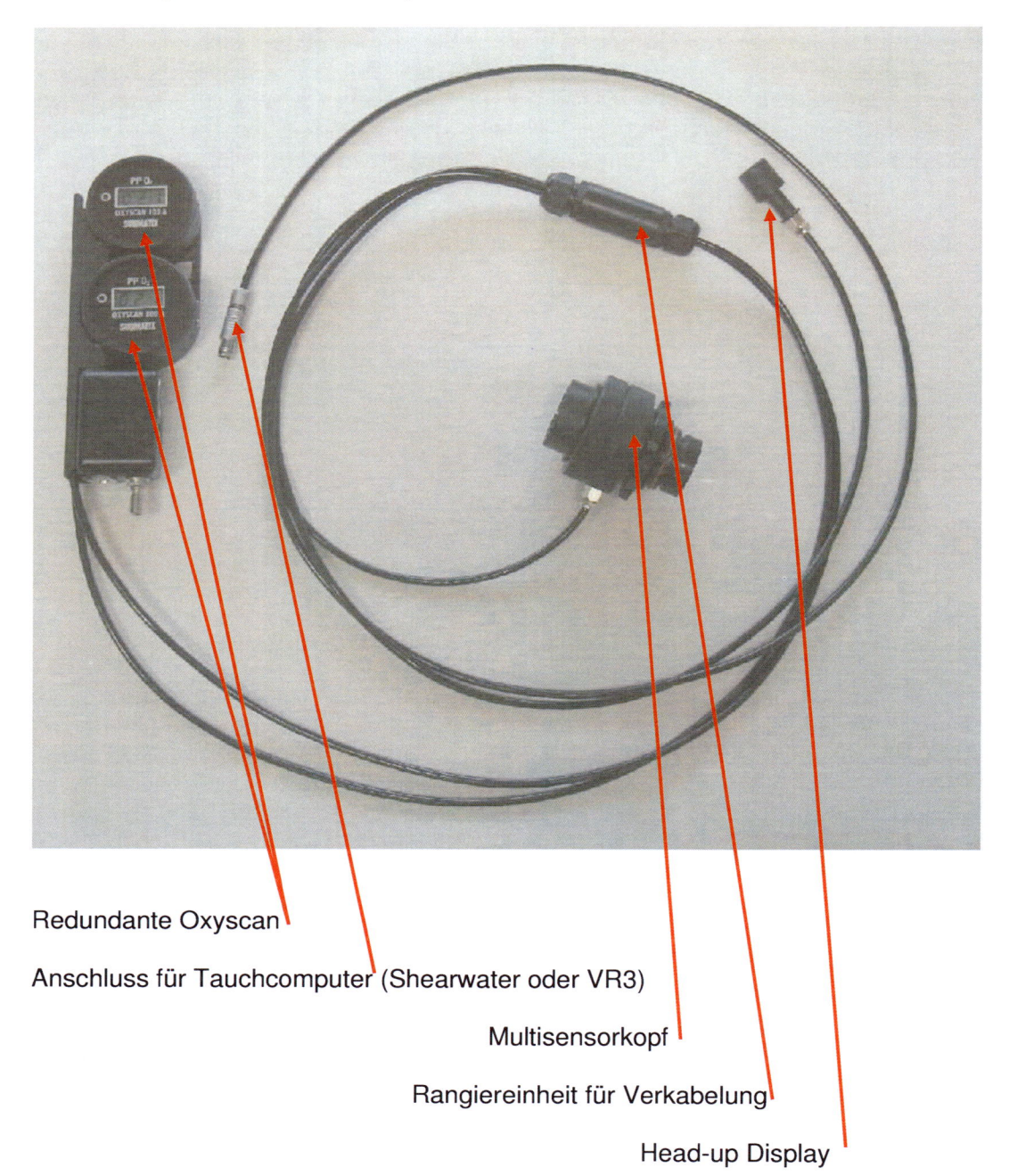

Bild 49 Komplettelektronik für mCCR (Quelle: Submatix)

In dieser Konfiguration ist der MSK also mit drei Sensoren bestückt.

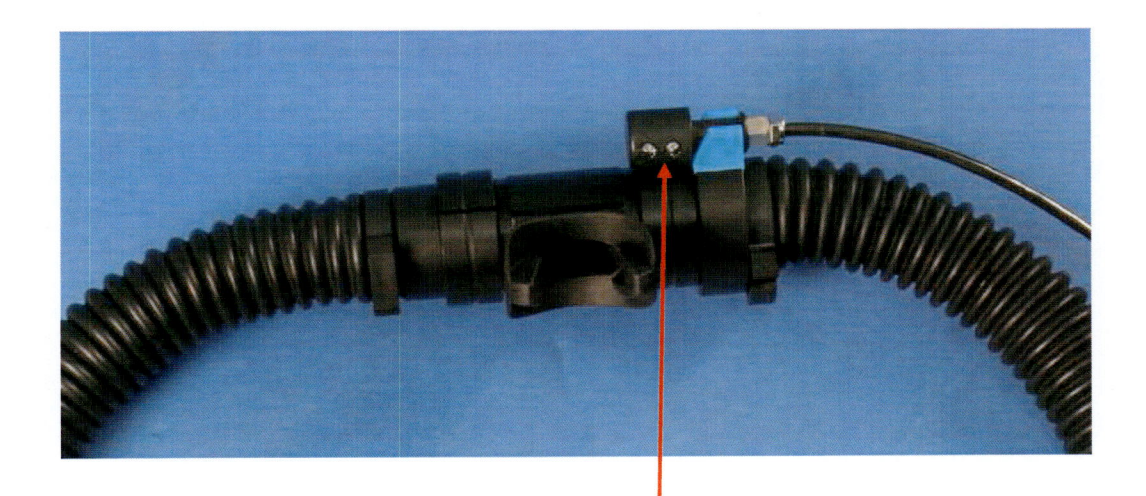

zwei rote LED`s für optische Alarmierung

Bild 50   Head-up Display (HUD) an Atemschlauch (Quelle: Submatix)

4.3.4 Vorbereitung und Gebrauch beim Tauchen (kalibrieren)

Nachfolgend wird ein kompletter Kalibriervorgang an einem Submatix CCR erläutert. Dieser Vorgang erscheint hier zunächst komplizierter als es in Wirklichkeit ist. Diese Darstellung erfolgt aus Gründen der Vollständigkeit und des Verständnisses; kann bei anderen Geräten aber abweichen:

- MSK ist fertig mit der Sensorik bestückt und im Gehäuse installiert.

- Einatembeutel ist noch nicht angeschlossen.

- Einschaltung des Oxyscan durch Überbrückung der Wasserkontakte.

- Nach einigen Sekunden wird die Batteriespannung angezeigt (xxx%).

- Sollte die Batteriespannung unter 60% sein, schaltet das Gerät ab.

- Sollte kein Sensor angeschlossen sein, erscheint auf dem Display 125.

- Nach einigen Sekunden erscheint die gemessene Sensorspannung in mV.

- Anschließend wird CAL angezeigt und der Oxyscan beginnt mit der Kalibrierung.

- Die Sensorspannung muss im Bereich zwischen 8 und 14 mV liegen.

- Der Oxyscan führt die Kalibrierung mit Luft (21% Sauerstoff) durch.

- Sollte die Sensorspannung außerhalb des o.g. Bereiches liegen, zeigt das Display 125 und SE an und der Oxyscan schaltet ab. Das bedeutet, dass der Sensor zu ersetzen ist.

- Sollte der Sensor nach dem Kalibrieren getrennt werden, erscheint OFF und 1,99 auf dem Display, der Oxyscan schaltet ab.

- Nach Abschluss der Kalibrierung wird 0,21 auf dem Display gezeigt.

- Nach erfolgreicher Kalibrierung mit Luft wird die Kalibrierung mit Sauerstoff durchgeführt.

- Dazu wird der Ausgang des ADV mit dem Eingang des MSK durch die Messbrücke verbunden.

- Nach dem Öffnen der Sauerstoff-Flasche und dem laufenden Konstantflow wird die Kalibrierung mit Sauerstoff durchgeführt.

- Beide Oxyscans müssen mindestens 99% anzeigen.

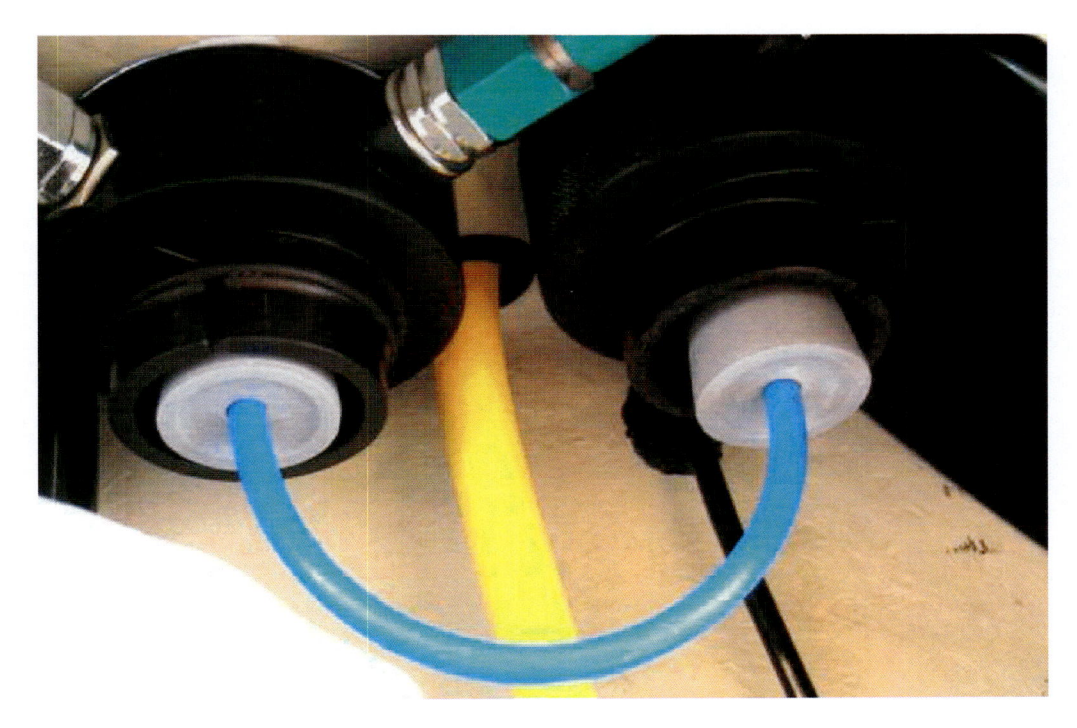

Bild 51   Überprüfen der Sensorik mit Sauerstoff (Quelle: Submatix)

- Nach erfolgreicher Kalibrierung wird der Atemkreislauf komplett zusammengebaut.

- Anschließend wird der Über- und Unterdrucktest durchgeführt.

- Sollte keine Sauerstoffmessbrücke vorhanden sein, kann die Sauerstoffkalibrierung wie folgt durchgeführt werden:

- Nach Beendigung des Unterdrucktests wird der Atemkreislauf mit Sauerstoff gefüllt.

- Nach dem Ansprechen des Überdruckventils wird das Mundstück kurz geöffnet, um den Atemkreislauf auf Umgebungsdruck zu bringen.

- Jetzt wird der ppO_2 erneut abgelesen.

- Der Wert muss mindestens bei 99% liegen (sollte der angezeigte Wert stärker abweichen, muss der Sensor gewechselt werden).

- Nach erfolgreicher Kalibrierung bleibt der Oxyscan 240 Minuten eingeschaltet.

- Nach 210 Minuten wird eine akustische und optische Warnung aktiviert (diese Warnung zeigt an, dass der Oxyscan nach 30 Minuten ausschaltet, sollte er nicht durch wiederholtes Überbrücken der Wasserkontakte für weitere 240 Minuten aktiviert werden).

- Während der Oxyscan eingeschaltet ist, bewirkt jede Überbrückung der Wasserkontakte eine Verlängerung der Aktivierung um 240 Minuten.

Achtung 1 (!)

An dieser Stelle sei nochmals an den Hinweis aus 4.2.3 erinnert: Beim Transport etc. ist dringend darauf zu achten, dass der MSK vom Einatembeutel getrennt ist. Durch ein versehentliches Aktivieren des Oxyscan könnte es aufgrund des im Atembeutel vorhandenen Restgases zu einer fehlerhaften Kalibrierung kommen.

Achtung 2 (!)

Rein theoretisch ist es denkbar, dass der Oxyscan genau in dem Moment abschaltet, in dem der Taucher kurz vor Betreten des Wassers ist. In diesem Falle würde der Oxyscan nach Betreten des Wassers mit einer erneuten Kalibrierung beginnen. Vor Betreten des Wassers sind also zwingend die angezeigten Werte zu überprüfen und die Wasserkontakte erneut zu brücken.

Seit August 2008 wurde die Software des Oxyscans verbessert. Folgende Systemeigenschaften wurden zusätzlich implementiert:

- Batteriewechsel kann ohne Löten erfolgen
- Ein Reset des Sytems ist möglich (Entfernen des Sensors)
- Software für den Set-Point-Controller vorinstalliert (für Betrieb als emCCR)
- Anzeige der Laufzeit außerhalb des Wassers (Laufzeit max. von 240 Minuten)

4.4 ppO₂-Messung und Steuerung in einem emCCR

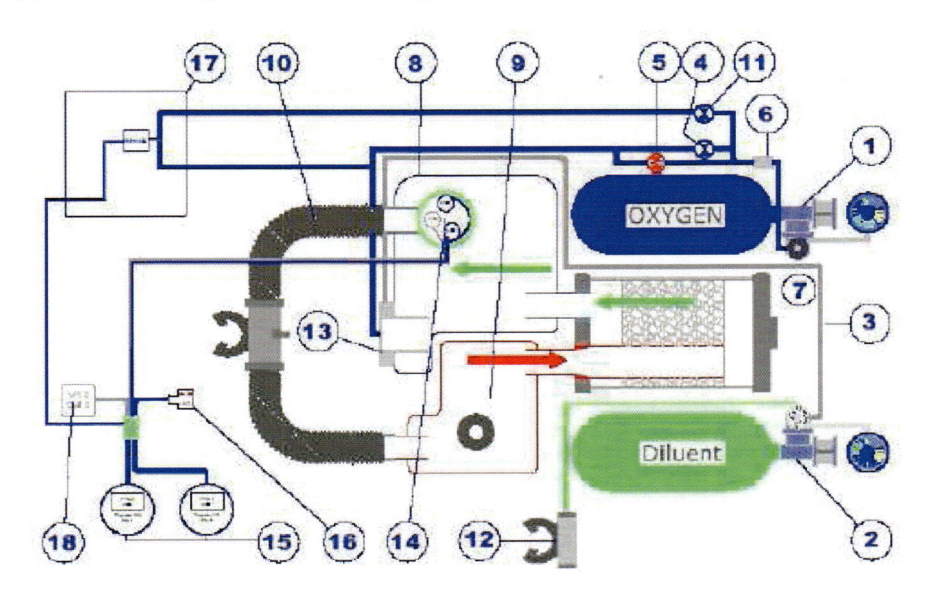

Bild 52   Prinzipskizze eines emCCR (Quelle: Submatix)

1   Sauerstoff-Flasche mit Druckminderer Mitteldruck FIX
2   Diluentflasche mit Druckminderer tiefenkompensiert
3   Zuleitung Diluent zum ADV
4   Flowdüse Sauerstoff (primär)
5   Booster Sauerstoff
6   Filter
7   Kalkbehälter
8   Einatembeutel
9   Ausatembeutel mit Überdruckventil
10   Atemschlauch
11   Flowdüse Sauerstoff (sekundär)
12   Bailout Oktopus
13   ADV mit Gaseinspeisung Diluent und Sauerstoff
14   **Multisensorkopf**
15   **Oxyscan 1 (SPC) und Oxyscan 2 (redundante Überwachung)**
16   **Head-up Display**
17   **Ventilsteuerung**
18   **Optionaler Tauchcomputer**

Bei der Betrachtung eines emCCR haben fast alle zuvor getroffenen Aussagen zum mCCR Gültigkeit. Der emCCR stellt eine elektrische Erweiterung des mCCR dar:
Beim mCCR wird im Falle eines sinkenden Sauerstoffteildruckes vom Taucher manuell Sauerstoff über den Booster in den Loop nachgeschoben. Beim emCCR ist diese Funktion automatisiert.

Von einem der Oxyscans wird zusätzlich ein Schaltkontakt als digitaler Ausgang abgeleitet. Dieser digitale Schaltausgang schaltet ein Magnetventil, über welches zusätzlich Sauerstoff über die sekundäre Flowdüse in den Loop nachgeführt wird.
Bei Unterschreiten eines bestimmten ppO_2-Wert wird das Ventil geöffnet; bei Überschreiten eines bestimmten ppO_2-Wert wird das Ventil wieder geschlossen.
Regelungstechnisch gesehen handelt es sich hier um einen zusätzlichen unstetigen Regler. Die Stellgröße des sekundären Flow kann hier nur zwei verschiedene Werte annehmen: Sauerstoff zuführen bzw. Sauerstoffzuführung aus.
Aus tauchtechnischer Sicht gibt es also eine ständige Sauerstoffeinspeisung über die primäre Sauerstoff-Flowdüse. Diese Düse ist entsprechend dem individuellen Sauerstoffbedarf des Tauchers eingestellt. Sollte aufgrund von körperlicher Anstrengung nun mehr Sauerstoff im Körper metabolisiert werden, wird dieser durch die obige Schaltung dem Taucher zur Verfügung gestellt. Dieses funktioniert natürlich nur im Bereich bestimmter Grenzen.
Auch bei einem emCCR ist der ppO_2-Wert spätestens alle drei Minuten durch den Taucher zu überwachen! Diese zusätzliche Funktion lässt sich aber mit geringem materiellen und finanziellen Aufwand realisieren und kann in kritischen Situationen ein zusätzliches Maß an Sicherheit gewähren.

4.5 ppO$_2$-Messung und Regelung in einem eCCR

HUD (head-up Display)

Redundante Elektronik (Fa. Hammerhead)

Bild 53 Vorderansicht eines eCCR (Quelle: DiveRite)

Sauerstoffmessung für OC- und Rebreather-Taucher

Bild 54   Rückansicht eines eCCR (Quelle: DiveRite)

Bei den beiden vorherigen Bildern handelt es sich um die Ansicht des „O2ptima FX Rebreather / Cave Diving Design" der Fa. DiveRite. Bei der Entwicklung des Gerätes wurde insbesondere den Belangen von Höhlentauchern Rechnung getragen. Das System ist aber ebenso ein guter „Allrounder".

Als Elektronik des Rebreathers wird die „Hammerhead-Elektronik" aus dem Hause Juergensen Marine verwendet. Diese Elektronik ist zum Beispiel auch für das Buddy Inspiration oder für Eigenbauten erhältlich; die militärische Variante wird u. a. im Mark 16 Mod 3 der US Navy und der Viper E bei der NATO verwendet.

Wesentliche Eckdaten sind:

Die Elektronik besteht aus zwei Einheiten bzw. Handsets. Das so genannte primary Handset und das secondary Handset. Beide Handsets verfügen jeweils über eine eigene Stromversorgung sowie eine eigene CPU. In diesem Bereich ist also eine Redundanz gegeben.
Das System verfügt über drei Sauerstoffsensoren. Über eine Voting-Logik werden den beiden Handsets jeweils die zwei plausibelsten Sauerstoffteildrücke übergeben.
Die Dekompressionsberechnung, auch für Trimix, ist in dem System enthalten. Viele Parameter können hier vom Nutzer selbst gewählt werden. So kann zum Beispiel ab einer Tauchtiefe von 3 m der Einstellwert (Setpoint) für den ppO_2 vom Benutzer selbst gewählt werden; ab 1 m Tiefe wird auf einen ppO_2 von 1,0 bar, an der Oberfläche von 0,4 bar geregelt.

4.6 Tauchcomputer mit Anschluss an CCR

Bei Dekompressionsplanungen und -berechnungen für Tauchgänge mit CCR muss die Besonderheit des konstanten Sauerstoffteildruckes berücksichtigt werden. Zum einen kann hier auf besondere Tauchtabellen für CCR (Bezugsquelle: IANTD) zurückgegriffen werden, zum anderen natürlich auf entsprechende Berechnungsprogramme. Die Berechnungsprogramme müssen über die Option CCR verfügen; für einige Dekompressionsberechnungsprogramme sind das Zusätze, welche entsprechend bezahlt werden müssen. Eine mögliche Alternative sind CCR-taugliche Tauchcomputer. Bei Drucklegung standen am Markt zwei Modelle zur Verfügung, an welche ein Sauerstoffsensor angeschlossen werden kann; es handelt sich hierbei um den „Shearwater" und den „VR3".

Bild 55   CCR-tauglicher Tauchcomputer (Quelle: Shearwater)

Anschlussmöglichkeit von bis zu drei Sauerstoffsensoren

Die Betriebsart CCR muss entsprechend eingestellt und parametriert werden. Die Kalibrierung erfolgt mit reinem Sauerstoff.

4.7 Ausblick auf zukünftige Entwicklungen

In den nächsten Jahren sind mit Gewissheit einige Innovationen im Bereich der Elektronik von SCR`s und CCR`s zu erwarten. Insbesondere gilt das für fünf Themenkomplexe:

- Implementierung von geeigneten CO_2-Sensoren

- Implementierung von O_2-Sensoren, basierend auf anderen Funktionsprinzipien (nicht elektrochemisch, genauer und mit längerer Lebensdauer)

- Redundante Ausführungen der Sensorik mit besserer Voting-Logik

- Verbesserungen im Bereich der implementierten Dekompressionsalgorithmen

- Einsatz von OLED-Technologie (organic light emitting diode) bei den Displays der Handsets

Eventuell werden SCR und CCR auch in Open-Source-Tauchcomputern berücksichtigt.

Anhang

Anhang 1   Partialdruck O₂ verschiedener Standard-Nitroxgemische

Wassertiefe [m]	Druck [bar]	pO₂ EAN32 [bar]	pO₂ EAN36 [bar]	pO₂ EAN40 [bar]	pO₂ EAN50 [bar]	pO2 EAN60 [bar]	pO₂ EAN80 [bar]	pO₂ O2 [bar]
0	1,00	0,32	0,36	0,40	0,50	0,60	0,80	1,00
2	1,20	0,38	0,43	0,48	0,60	0,72	0,96	1,20
4	1,40	0,45	0,50	0,56	0,70	0,84	1,12	**1,40**
6	1,60	0,51	0,58	0,64	0,80	0,96	1,28	1,60
8	1,80	0,58	0,65	0,72	0,90	1,08	**1,44**	1,80
10	2,00	0,64	0,72	0,80	1,00	1,20	1,60	2,00
12	2,20	0,70	0,79	0,88	1,10	1,32	1,76	2,20
14	2,40	0,77	0,86	0,96	1,20	**1,44**	1,92	2,40
16	2,60	0,83	0,94	1,04	1,30	1,56	2,08	2,60
18	2,80	0,90	1,01	1,12	**1,40**	1,68	2,24	2,80
20	3,00	0,96	1,08	1,20	1,50	1,80	2,40	3,00
22	3,20	1,02	1,15	1,28	1,60	1,92	2,56	3,20
24	3,40	1,09	1,22	1,36	1,70	2,04	2,72	3,40
26	3,60	1,15	1,30	**1,44**	1,80	2,16	2,88	3,60
28	3,80	1,22	1,37	1,52	1,90	2,28	3,04	3,80
30	4,00	1,28	**1,44**	1,60	2,00	2,40	3,20	4,00
32	4,20	1,34	1,51	1,68	2,10	2,52	3,36	4,20
34	4,40	**1,41**	1,58	1,76	2,20	2,64	3,52	4,40
36	4,60	1,47	1,66	1,84	2,30	2,76	3,68	4,60
38	4,80	1,54	1,73	1,92	2,40	2,88	3,84	4,80
40	5,00	1,60	1,80	2,00	2,50	3,00	4,00	5,00
42	5,20	1,66	1,87	2,08	2,60	3,12	4,16	5,20
44	5,40	1,73	1,94	2,16	2,70	3,24	4,32	5,40
46	5,60	1,79	2,02	2,24	2,80	3,36	4,48	5,60
48	5,80	1,86	2,09	2,32	2,90	3,48	4,64	5,80
50	6,00	1,92	2,16	2,40	3,00	3,60	4,80	6,00

Bedeutung :

0,20	= Partialdruck O₂ < 0,21 bar
1,02	= Partialdruck O₂ bzw. N₂
1,20	= Setpoint ppO₂ CCR > 0,4 bar & < 1,3 bar
1,40	= Partialdruck O₂ > 1,4 bar ; Gefahr der O₂-Vergiftung
1,60	= Partialdruck O₂ ca. 1,6 bar ; Gefahr der O₂-Vergiftung
1,66	= Partialdruck O₂ > 1,6 bar ; Gefahr der O₂-Vergiftung
3,54	= Partialdruck N₂ > 3,2 bar ; Gefahr der N₂-Vergiftung

Anhang 2 Partialdrücke O_2 und N_2 bei EAN32

Wassertiefe [m]	Druck [bar]	pO_2 EAN32 [bar]	pN_2 EAN32 [bar]
0	1,00	0,32	0,68
2	1,20	0,38	0,82
4	1,40	0,45	0,95
6	1,60	0,51	1,09
8	1,80	0,58	1,22
10	2,00	0,64	1,36
12	2,20	0,70	1,50
14	2,40	0,77	1,63
16	2,60	0,83	1,77
18	2,80	0,90	1,90
20	3,00	0,96	2,04
22	3,20	1,02	2,18
24	3,40	1,09	2,31
26	3,60	1,15	2,45
28	3,80	1,22	2,58
30	4,00	1,28	2,72
32	4,20	1,34	2,86
34	4,40	**1,41**	2,99
36	4,60	**1,47**	3,13
38	4,80	**1,54**	3,26
40	5,00	**1,60**	3,40
42	5,20	1,66	3,54
44	5,40	1,73	3,67
46	5,60	1,79	3,81
48	5,80	1,86	3,94
50	6,00	1,92	4,08

Bedeutung :

0,20	= Partialdruck O_2 < 0,21 bar
1,02	= Partialdruck O_2 bzw. N_2
1,20	= Setpoint ppO_2 CCR > 0,4 bar & < 1,3 bar
1,40	= Partialdruck O_2 > 1,4 bar ; Gefahr der O_2-Vergiftung
1,60	= Partialdruck O_2 ca. 1,6 bar ; Gefahr der O_2-Vergiftung
1,66	= Partialdruck O_2 > 1,6 bar ; Gefahr der O_2-Vergiftung
3,54	= Partialdruck N_2 > 3,2 bar ; Gefahr der N_2-Vergiftung

Anhang 3 Partialdrücke O₂ und N₂ bei EAN36

Wassertiefe [m]	Druck [bar]	pO₂ EAN36 [bar]	pN₂ EAN36 [bar]
0	1,00	0,36	0,64
2	1,20	0,43	0,77
4	1,40	0,50	0,90
6	1,60	0,58	1,02
8	1,80	0,65	1,15
10	2,00	0,72	1,28
12	2,20	0,79	1,41
14	2,40	0,86	1,54
16	2,60	0,94	1,66
18	2,80	1,01	1,79
20	3,00	1,08	1,92
22	3,20	1,15	2,05
24	3,40	1,22	2,18
26	3,60	1,30	2,30
28	3,80	1,37	2,43
30	4,00	**1,44**	2,56
32	4,20	**1,51**	2,69
34	4,40	1,58	2,82
36	4,60	1,66	2,94
38	4,80	1,73	3,07
40	5,00	1,80	3,20
42	5,20	1,87	3,33
44	5,40	1,94	3,46
46	5,60	2,02	3,58
48	5,80	2,09	3,71
50	6,00	2,16	3,84

Bedeutung :

0,20	= Partialdruck O₂ < 0,21 bar
1,02	= Partialdruck O₂ bzw. N₂
1,20	= Setpoint ppO₂ CCR > 0,4 bar & < 1,3 bar
1,40	= Partialdruck O₂ > 1,4 bar ; Gefahr der O₂-Vergiftung
1,60	= Partialdruck O₂ ca. 1,6 bar ; Gefahr der O₂-Vergiftung
1,66	= Partialdruck O₂ > 1,6 bar ; Gefahr der O₂-Vergiftung
3,54	= Partialdruck N₂ > 3,2 bar ; Gefahr der N₂-Vergiftung

Anhang 4   Partialdrücke O_2 und N_2 bei EAN40

Wassertiefe [m]	Druck [bar]	pO_2 EAN40 [bar]	pN_2 EAN40 [bar]
0	1,00	0,40	0,60
2	1,20	0,48	0,72
4	1,40	0,56	0,84
6	1,60	0,64	0,96
8	1,80	0,72	1,08
10	2,00	0,80	1,20
12	2,20	0,88	1,32
14	2,40	0,96	1,44
16	2,60	1,04	1,56
18	2,80	1,12	1,68
20	3,00	1,20	1,80
22	3,20	1,28	1,92
24	3,40	1,36	2,04
26	3,60	**1,44**	2,16
28	3,80	**1,52**	2,28
30	4,00	1,60	2,40
32	4,20	1,68	2,52
34	4,40	1,76	2,64
36	4,60	1,84	2,76
38	4,80	1,92	2,88
40	5,00	2,00	3,00
42	5,20	2,08	3,12
44	5,40	2,16	3,24
46	5,60	2,24	3,36
48	5,80	2,32	3,48
50	6,00	2,40	3,60

Bedeutung :

0,20	= Partialdruck O_2 < 0,21 bar
1,02	= Partialdruck O_2 bzw. N_2
1,20	= Setpoint ppO_2 CCR > 0,4 bar & < 1,3 bar
1,40	= Partialdruck O_2 > 1,4 bar ; Gefahr der O_2-Vergiftung
1,60	= Partialdruck O_2 ca. 1,6 bar ; Gefahr der O_2-Vergiftung
1,66	= Partialdruck O_2 > 1,6 bar ; Gefahr der O_2-Vergiftung
3,54	= Partialdruck N_2 > 3,2 bar ; Gefahr der N_2-Vergiftung

Anhang 5 Partialdrücke O_2 und N_2 bei EAN50

Wassertiefe [m]	Druck [bar]	pO$_2$ EAN50 [bar]	pN$_2$ EAN50 [bar]
0	1,00	0,50	0,50
2	1,20	0,60	0,60
4	1,40	0,70	0,70
6	1,60	0,80	0,80
8	1,80	0,90	0,90
10	2,00	1,00	1,00
12	2,20	1,10	1,10
14	2,40	1,20	1,20
16	2,60	1,30	1,30
18	2,80	**1,40**	1,40
20	3,00	**1,50**	1,50
22	3,20	**1,60**	1,60
24	3,40	1,70	1,70
26	3,60	1,80	1,80
28	3,80	1,90	1,90
30	4,00	2,00	2,00
32	4,20	2,10	2,10
34	4,40	2,20	2,20
36	4,60	2,30	2,30
38	4,80	2,40	2,40
40	5,00	2,50	2,50
42	5,20	2,60	2,60
44	5,40	2,70	2,70
46	5,60	2,80	2,80
48	5,80	2,90	2,90
50	6,00	3,00	3,00

Bedeutung :

0,20	= Partialdruck O_2 < 0,21 bar
1,02	= Partialdruck O_2 bzw. N_2
1,20	= Setpoint ppO$_2$ CCR > 0,4 bar & < 1,3 bar
1,40	= Partialdruck O_2 > 1,4 bar ; Gefahr der O_2-Vergiftung
1,60	= Partialdruck O_2 ca. 1,6 bar ; Gefahr der O_2-Vergiftung
1,66	= Partialdruck O_2 > 1,6 bar ; Gefahr der O_2-Vergiftung
3,54	= Partialdruck N_2 > 3,2 bar ; Gefahr der N_2-Vergiftung

Sauerstoffmessung für OC- und Rebreather-Taucher

Anhang 6   Partialdrücke O_2 und N_2 bei EAN60

Wassertiefe [m]	Druck [bar]	pO_2 EAN60 [bar]	pN_2 EAN60 [bar]
0	1,00	0,60	0,40
2	1,20	0,72	0,48
4	1,40	0,84	0,56
6	1,60	0,96	0,64
8	1,80	1,08	0,72
10	2,00	1,20	0,80
12	2,20	1,32	0,88
14	2,40	**1,44**	0,96
16	2,60	1,56	1,04
18	2,80	1,68	1,12
20	3,00	1,80	1,20
22	3,20	1,92	1,28
24	3,40	2,04	1,36
26	3,60	2,16	1,44
28	3,80	2,28	1,52
30	4,00	2,40	1,60
32	4,20	2,52	1,68
34	4,40	2,64	1,76
36	4,60	2,76	1,84
38	4,80	2,88	1,92
40	5,00	3,00	2,00
42	5,20	3,12	2,08
44	5,40	3,24	2,16
46	5,60	3,36	2,24
48	5,80	3,48	2,32
50	6,00	3,60	2,40

Bedeutung :

0,20	= Partialdruck O_2 < 0,21 bar
1,02	= Partialdruck O_2 bzw. N_2
1,20	= Setpoint ppO_2 CCR > 0,4 bar & < 1,3 bar
1,40	= Partialdruck O_2 > 1,4 bar ; Gefahr der O_2-Vergiftung
1,60	= Partialdruck O_2 ca. 1,6 bar ; Gefahr der O_2-Vergiftung
1,66	= Partialdruck O_2 > 1,6 bar ; Gefahr der O_2-Vergiftung
3,54	= Partialdruck N_2 > 3,2 bar ; Gefahr der N_2-Vergiftung

© Helge Weber

Anhang 7   Partialdrücke O$_2$ und N$_2$ bei EAN80

Wassertiefe [m]	Druck [bar]	pO$_2$ EAN80 [bar]	pN$_2$ EAN80 [bar]
0	1,00	0,80	0,20
2	1,20	0,96	0,24
4	1,40	1,12	0,28
6	1,60	1,28	0,32
8	1,80	**1,44**	0,36
10	2,00	1,60	0,40
12	2,20	1,76	0,44
14	2,40	1,92	0,48
16	2,60	2,08	0,52
18	2,80	2,24	0,56
20	3,00	2,40	0,60
22	3,20	2,56	0,64
24	3,40	2,72	0,68
26	3,60	2,88	0,72
28	3,80	3,04	0,76
30	4,00	3,20	0,80
32	4,20	3,36	0,84
34	4,40	3,52	0,88
36	4,60	3,68	0,92
38	4,80	3,84	0,96
40	5,00	4,00	1,00
42	5,20	4,16	1,04
44	5,40	4,32	1,08
46	5,60	4,48	1,12
48	5,80	4,64	1,16
50	6,00	4,80	1,20

Bedeutung :

0,20	= Partialdruck O$_2$ < 0,21 bar
1,02	= Partialdruck O$_2$ bzw. N$_2$
1,20	= Setpoint ppO$_2$ CCR > 0,4 bar & < 1,3 bar
1,40	= Partialdruck O$_2$ > 1,4 bar ; Gefahr der O$_2$-Vergiftung
1,60	= Partialdruck O$_2$ ca. 1,6 bar ; Gefahr der O$_2$-Vergiftung
1,66	= Partialdruck O$_2$ > 1,6 bar ; Gefahr der O$_2$-Vergiftung
3,54	= Partialdruck N$_2$ > 3,2 bar ; Gefahr der N$_2$-Vergiftung

Anhang 8   Partialdrücke O$_2$ und N$_2$ bei reinem Sauerstoff

Wassertiefe [m]	Druck [bar]	pO$_2$ EAN100 [bar]	pN$_2$ EAN100 [bar]
0	1,00	1,00	0,00
2	1,20	1,20	0,00
4	1,40	1,40	0,00
6	1,60	1,60	0,00
8	1,80	1,80	0,00
10	2,00	2,00	0,00
12	2,20	2,20	0,00
14	2,40	2,40	0,00
16	2,60	2,60	0,00
18	2,80	2,80	0,00
20	3,00	3,00	0,00
22	3,20	3,20	0,00
24	3,40	3,40	0,00
26	3,60	3,60	0,00
28	3,80	3,80	0,00
30	4,00	4,00	0,00
32	4,20	4,20	0,00
34	4,40	4,40	0,00
36	4,60	4,60	0,00
38	4,80	4,80	0,00
40	5,00	5,00	0,00
42	5,20	5,20	0,00
44	5,40	5,40	0,00
46	5,60	5,60	0,00
48	5,80	5,80	0,00
50	6,00	6,00	0,00

Bedeutung :

0,20	= Partialdruck O$_2$ < 0,21 bar
1,02	= Partialdruck O$_2$ bzw. N$_2$
1,20	= Setpoint ppO$_2$ CCR > 0,4 bar & < 1,3 bar
1,40	= Partialdruck O$_2$ > 1,4 bar ; Gefahr der O$_2$-Vergiftung
1,60	= Partialdruck O$_2$ ca. 1,6 bar ; Gefahr der O$_2$-Vergiftung
1,66	= Partialdruck O$_2$ > 1,6 bar ; Gefahr der O$_2$-Vergiftung
3,54	= Partialdruck N$_2$ > 3,2 bar ; Gefahr der N$_2$-Vergiftung

Anhang 9   Partialdrücke O_2, He und N_2 bei TMX 20/45 (Standardgas CCR)

Wassertiefe [m]	Druck [bar]	pO_2 TMX 20/45 [bar]	pHe TMX 20/45 [bar]	pN_2 TMX 20/45 [bar]
0	1,00	0,20	0,45	0,35
2	1,20	0,24	0,54	0,42
4	1,40	0,28	0,63	0,49
6	1,60	0,32	0,72	0,56
8	1,80	0,36	0,81	0,63
10	2,00	0,40	0,90	0,70
12	2,20	0,44	0,99	0,77
14	2,40	0,48	1,08	0,84
16	2,60	0,52	1,17	0,91
18	2,80	0,56	1,26	0,98
20	3,00	0,60	1,35	1,05
22	3,20	0,64	1,44	1,12
24	3,40	0,68	1,53	1,19
26	3,60	0,72	1,62	1,26
28	3,80	0,76	1,71	1,33
30	4,00	0,80	1,80	1,40
32	4,20	0,84	1,89	1,47
34	4,40	0,88	1,98	1,54
36	4,60	0,92	2,07	1,61
38	4,80	0,96	2,16	1,68
40	5,00	1,00	2,25	1,75
42	5,20	1,04	2,34	1,82
44	5,40	1,08	2,43	1,89
46	5,60	1,12	2,52	1,96
48	5,80	1,16	2,61	2,03
50	6,00	1,20	2,70	2,10
52	6,20	1,24	2,79	2,17
54	6,40	1,28	2,88	2,24
56	6,60	1,32	2,97	2,31
58	6,80	1,36	3,06	2,38
60	7,00	**1,40**	3,15	2,45
62	7,20	**1,44**	3,24	2,52
64	7,40	**1,48**	3,33	2,59
66	7,60	**1,52**	3,42	2,66
68	7,80	**1,56**	3,51	2,73
70	8,00	1,60	3,60	2,80
72	8,20	1,64	3,69	2,87
74	8,40	1,68	3,78	2,94
76	8,60	1,72	3,87	3,01
78	8,80	1,76	3,96	3,08
80	9,00	1,80	4,05	3,15

Anhang 10   Partialdrücke O_2, He und N_2 bei TMX 14/60 (Standardgas CCR)

Wassertiefe [m]	Druck [bar]	pO_2 TMX 14/60 [bar]	pHe TMX 14/60 [bar]	pN_2 TMX 14/60 [bar]
0	1,00	0,14	0,60	0,26
2	1,20	0,17	0,72	0,31
4	1,40	0,20	0,84	0,36
6	1,60	0,22	0,96	0,42
8	1,80	0,25	1,08	0,47
10	2,00	0,28	1,20	0,52
12	2,20	0,31	1,32	0,57
14	2,40	0,34	1,44	0,62
16	2,60	0,36	1,56	0,68
18	2,80	0,39	1,68	0,73
20	3,00	0,42	1,80	0,78
22	3,20	0,45	1,92	0,83
24	3,40	0,48	2,04	0,88
26	3,60	0,50	2,16	0,94
28	3,80	0,53	2,28	0,99
30	4,00	0,56	2,40	1,04
32	4,20	0,59	2,52	1,09
34	4,40	0,62	2,64	1,14
36	4,60	0,64	2,76	1,20
38	4,80	0,67	2,88	1,25
40	5,00	0,70	3,00	1,30
42	5,20	0,73	3,12	1,35
44	5,40	0,76	3,24	1,40
46	5,60	0,78	3,36	1,46
48	5,80	0,81	3,48	1,51
50	6,00	0,84	3,60	1,56
52	6,20	0,87	3,72	1,61
54	6,40	0,90	3,84	1,66
56	6,60	0,92	3,96	1,72
58	6,80	0,95	4,08	1,77
60	7,00	0,98	4,20	1,82
62	7,20	1,01	4,32	1,87
64	7,40	1,04	4,44	1,92
66	7,60	1,06	4,56	1,98
68	7,80	1,09	4,68	2,03
70	8,00	1,12	4,80	2,08
72	8,20	1,15	4,92	2,13
74	8,40	1,18	5,04	2,18
76	8,60	1,20	5,16	2,24
78	8,80	1,23	5,28	2,29
80	9,00	1,26	5,40	2,34

© Helge Weber

Anhang 11   Partialdrücke O_2, He und N_2 bei TMX 10/65 (Standardgas CCR)

Wassertiefe [m]	Druck [bar]	pO_2 TMX 10/65 [bar]	pHe TMX 10/65 [bar]	pN_2 TMX 10/65 [bar]
0	1,00	0,10	0,65	0,25
2	1,20	0,12	0,78	0,30
4	1,40	0,14	0,91	0,35
6	1,60	0,16	1,04	0,40
8	1,80	0,18	1,17	0,45
10	2,00	0,20	1,30	0,50
12	2,20	0,22	1,43	0,55
14	2,40	0,24	1,56	0,60
16	2,60	0,26	1,69	0,65
18	2,80	0,28	1,82	0,70
20	3,00	0,30	1,95	0,75
22	3,20	0,32	2,08	0,80
24	3,40	0,34	2,21	0,85
26	3,60	0,36	2,34	0,90
28	3,80	0,38	2,47	0,95
30	4,00	0,40	2,60	1,00
32	4,20	0,42	2,73	1,05
34	4,40	0,44	2,86	1,10
36	4,60	0,46	2,99	1,15
38	4,80	0,48	3,12	1,20
40	5,00	0,50	3,25	1,25
42	5,20	0,52	3,38	1,30
44	5,40	0,54	3,51	1,35
46	5,60	0,56	3,64	1,40
48	5,80	0,58	3,77	1,45
50	6,00	0,60	3,90	1,50
52	6,20	0,62	4,03	1,55
54	6,40	0,64	4,16	1,60
56	6,60	0,66	4,29	1,65
58	6,80	0,68	4,42	1,70
60	7,00	0,70	4,55	1,75
62	7,20	0,72	4,68	1,80
64	7,40	0,74	4,81	1,85
66	7,60	0,76	4,94	1,90
68	7,80	0,78	5,07	1,95
70	8,00	0,80	5,20	2,00
72	8,20	0,82	5,33	2,05
74	8,40	0,84	5,46	2,10
76	8,60	0,86	5,59	2,15
78	8,80	0,88	5,72	2,20
80	9,00	0,90	5,85	2,25

Anhang 12   Partialdrücke O_2, He und N_2 bei TMX 21/35 (Standardgas)

Wassertiefe [m]	Druck [bar]	pO_2 TMX 21/35 [bar]	pHe TMX 21/35 [bar]	pN_2 TMX 21/35 [bar]
0	1,00	0,21	0,35	0,44
2	1,20	0,25	0,42	0,53
4	1,40	0,29	0,49	0,62
6	1,60	0,34	0,56	0,70
8	1,80	0,38	0,63	0,79
10	2,00	0,42	0,70	0,88
12	2,20	0,46	0,77	0,97
14	2,40	0,50	0,84	1,06
16	2,60	0,55	0,91	1,14
18	2,80	0,59	0,98	1,23
20	3,00	0,63	1,05	1,32
22	3,20	0,67	1,12	1,41
24	3,40	0,71	1,19	1,50
26	3,60	0,76	1,26	1,58
28	3,80	0,80	1,33	1,67
30	4,00	0,84	1,40	1,76
32	4,20	0,88	1,47	1,85
34	4,40	0,92	1,54	1,94
36	4,60	0,97	1,61	2,02
38	4,80	1,01	1,68	2,11
40	5,00	1,05	1,75	2,20
42	5,20	1,09	1,82	2,29
44	5,40	1,13	1,89	2,38
46	5,60	1,18	1,96	2,46
48	5,80	1,22	2,03	2,55
50	6,00	1,26	2,10	2,64
52	6,20	1,30	2,17	2,73
54	6,40	1,34	2,24	2,82
56	6,60	1,39	2,31	2,90
58	6,80	**1,43**	2,38	2,99
60	7,00	**1,47**	2,45	3,08
62	7,20	**1,51**	2,52	3,17
64	7,40	**1,55**	2,59	3,26
66	7,60	**1,60**	2,66	3,34
68	7,80	1,64	2,73	3,43
70	8,00	1,68	2,80	3,52
72	8,20	1,72	2,87	3,61
74	8,40	1,76	2,94	3,70
76	8,60	1,81	3,01	3,78
78	8,80	1,85	3,08	3,87
80	9,00	1,89	3,15	3,96

Anhang 13 Partialdrücke O_2, He und N_2 bei TMX 18/45 (Standardgas)

Wassertiefe [m]	Druck [bar]	pO_2 TMX 18/45 [bar]	pHe TMX 18/45 [bar]	pN_2 TMX 18/45 [bar]
0	1,00	0,18	0,45	0,37
2	1,20	0,22	0,54	0,44
4	1,40	0,25	0,63	0,52
6	1,60	0,29	0,72	0,59
8	1,80	0,32	0,81	0,67
10	2,00	0,36	0,90	0,74
12	2,20	0,40	0,99	0,81
14	2,40	0,43	1,08	0,89
16	2,60	0,47	1,17	0,96
18	2,80	0,50	1,26	1,04
20	3,00	0,54	1,35	1,11
22	3,20	0,58	1,44	1,18
24	3,40	0,61	1,53	1,26
26	3,60	0,65	1,62	1,33
28	3,80	0,68	1,71	1,41
30	4,00	0,72	1,80	1,48
32	4,20	0,76	1,89	1,55
34	4,40	0,79	1,98	1,63
36	4,60	0,83	2,07	1,70
38	4,80	0,86	2,16	1,78
40	5,00	0,90	2,25	1,85
42	5,20	0,94	2,34	1,92
44	5,40	0,97	2,43	2,00
46	5,60	1,01	2,52	2,07
48	5,80	1,04	2,61	2,15
50	6,00	1,08	2,70	2,22
52	6,20	1,12	2,79	2,29
54	6,40	1,15	2,88	2,37
56	6,60	1,19	2,97	2,44
58	6,80	1,22	3,06	2,52
60	7,00	1,26	3,15	2,59
62	7,20	1,30	3,24	2,66
64	7,40	1,33	3,33	2,74
66	7,60	1,37	3,42	2,81
68	7,80	1,40	3,51	2,89
70	8,00	1,44	3,60	2,96
72	8,20	1,48	3,69	3,03
74	8,40	1,51	3,78	3,11
76	8,60	1,55	3,87	3,18
78	8,80	1,58	3,96	3,26
80	9,00	1,62	4,05	3,33

Anhang 14 Partialdrücke O_2, He und N_2 bei TMX 15/55 (Standardgas)

Wassertiefe [m]	Druck [bar]	pO_2 TMX 15/55 [bar]	pHe TMX 15/55 [bar]	pN_2 TMX 15/55 [bar]
0	1,00	0,15	0,55	0,30
2	1,20	0,18	0,66	0,36
4	1,40	0,21	0,77	0,42
6	1,60	0,24	0,88	0,48
8	1,80	0,27	0,99	0,54
10	2,00	0,30	1,10	0,60
12	2,20	0,33	1,21	0,66
14	2,40	0,36	1,32	0,72
16	2,60	0,39	1,43	0,78
18	2,80	0,42	1,54	0,84
20	3,00	0,45	1,65	0,90
22	3,20	0,48	1,76	0,96
24	3,40	0,51	1,87	1,02
26	3,60	0,54	1,98	1,08
28	3,80	0,57	2,09	1,14
30	4,00	0,60	2,20	1,20
32	4,20	0,63	2,31	1,26
34	4,40	0,66	2,42	1,32
36	4,60	0,69	2,53	1,38
38	4,80	0,72	2,64	1,44
40	5,00	0,75	2,75	1,50
42	5,20	0,78	2,86	1,56
44	5,40	0,81	2,97	1,62
46	5,60	0,84	3,08	1,68
48	5,80	0,87	3,19	1,74
50	6,00	0,90	3,30	1,80
52	6,20	0,93	3,41	1,86
54	6,40	0,96	3,52	1,92
56	6,60	0,99	3,63	1,98
58	6,80	1,02	3,74	2,04
60	7,00	1,05	3,85	2,10
62	7,20	1,08	3,96	2,16
64	7,40	1,11	4,07	2,22
66	7,60	1,14	4,18	2,28
68	7,80	1,17	4,29	2,34
70	8,00	1,20	4,40	2,40
72	8,20	1,23	4,51	2,46
74	8,40	1,26	4,62	2,52
76	8,60	1,29	4,73	2,58
78	8,80	1,32	4,84	2,64
80	9,00	1,35	4,95	2,70

© Helge Weber

Anhang 15   Partialdrücke O_2, He und N_2 bei TMX 10/70 (Standardgas)

Wassertiefe [m]	Druck [bar]	pO_2 TMX 10/70 [bar]	pHe TMX 10/70 [bar]	pN_2 TMX 10/70 [bar]
0	1,00	0,10	0,70	0,20
2	1,20	0,12	0,84	0,24
4	1,40	0,14	0,98	0,28
6	1,60	0,16	1,12	0,32
8	1,80	0,18	1,26	0,36
10	2,00	0,20	1,40	0,40
12	2,20	0,22	1,54	0,44
14	2,40	0,24	1,68	0,48
16	2,60	0,26	1,82	0,52
18	2,80	0,28	1,96	0,56
20	3,00	0,30	2,10	0,60
22	3,20	0,32	2,24	0,64
24	3,40	0,34	2,38	0,68
26	3,60	0,36	2,52	0,72
28	3,80	0,38	2,66	0,76
30	4,00	0,40	2,80	0,80
32	4,20	0,42	2,94	0,84
34	4,40	0,44	3,08	0,88
36	4,60	0,46	3,22	0,92
38	4,80	0,48	3,36	0,96
40	5,00	0,50	3,50	1,00
42	5,20	0,52	3,64	1,04
44	5,40	0,54	3,78	1,08
46	5,60	0,56	3,92	1,12
48	5,80	0,58	4,06	1,16
50	6,00	0,60	4,20	1,20
52	6,20	0,62	4,34	1,24
54	6,40	0,64	4,48	1,28
56	6,60	0,66	4,62	1,32
58	6,80	0,68	4,76	1,36
60	7,00	0,70	4,90	1,40
62	7,20	0,72	5,04	1,44
64	7,40	0,74	5,18	1,48
66	7,60	0,76	5,32	1,52
68	7,80	0,78	5,46	1,56
70	8,00	0,80	5,60	1,60
72	8,20	0,82	5,74	1,64
74	8,40	0,84	5,88	1,68
76	8,60	0,86	6,02	1,72
78	8,80	0,88	6,16	1,76
80	9,00	0,90	6,30	1,80

© Helge Weber

Anhang 16 Partialdrücke O_2, He und N_2 bei TMX 50/25 (Standardgas Deko)

Wassertiefe [m]	Druck [bar]	pO_2 TMX 50/25 [bar]	pHe TMX 50/25 [bar]	pN_2 TMX 50/25 [bar]
0	1,00	0,50	0,25	0,25
2	1,20	0,60	0,30	0,30
4	1,40	0,70	0,35	0,35
6	1,60	0,80	0,40	0,40
8	1,80	0,90	0,45	0,45
10	2,00	1,00	0,50	0,50
12	2,20	1,10	0,55	0,55
14	2,40	1,20	0,60	0,60
16	2,60	1,30	0,65	0,65
18	2,80	**1,40**	0,70	0,70
20	3,00	**1,50**	0,75	0,75
22	3,20	1,60	0,80	0,80
24	3,40	1,70	0,85	0,85
26	3,60	1,80	0,90	0,90
28	3,80	1,90	0,95	0,95
30	4,00	2,00	1,00	1,00
32	4,20	2,10	1,05	1,05
34	4,40	2,20	1,10	1,10
36	4,60	2,30	1,15	1,15
38	4,80	2,40	1,20	1,20
40	5,00	2,50	1,25	1,25
42	5,20	2,60	1,30	1,30
44	5,40	2,70	1,35	1,35
46	5,60	2,80	1,40	1,40
48	5,80	2,90	1,45	1,45
50	6,00	3,00	1,50	1,50
52	6,20	3,10	1,55	1,55
54	6,40	3,20	1,60	1,60
56	6,60	3,30	1,65	1,65
58	6,80	3,40	1,70	1,70
60	7,00	3,50	1,75	1,75
62	7,20	3,60	1,80	1,80
64	7,40	3,70	1,85	1,85
66	7,60	3,80	1,90	1,90
68	7,80	3,90	1,95	1,95
70	8,00	4,00	2,00	2,00
72	8,20	4,10	2,05	2,05
74	8,40	4,20	2,10	2,10
76	8,60	4,30	2,15	2,15
78	8,80	4,40	2,20	2,20
80	9,00	4,50	2,25	2,25

Anhang 17   Partialdrücke O_2, He und N_2 bei TMX 35/25 (Standardgas Deko)

Wassertiefe [m]	Druck [bar]	pO_2 TMX 35/25 [bar]	pHe TMX 35/25 [bar]	pN_2 TMX 35/25 [bar]
0	1,00	0,35	0,25	0,40
2	1,20	0,42	0,30	0,48
4	1,40	0,49	0,35	0,56
6	1,60	0,56	0,40	0,64
8	1,80	0,63	0,45	0,72
10	2,00	0,70	0,50	0,80
12	2,20	0,77	0,55	0,88
14	2,40	0,84	0,60	0,96
16	2,60	0,91	0,65	1,04
18	2,80	0,98	0,70	1,12
20	3,00	1,05	0,75	1,20
22	3,20	1,12	0,80	1,28
24	3,40	1,19	0,85	1,36
26	3,60	1,26	0,90	1,44
28	3,80	1,33	0,95	1,52
30	4,00	**1,40**	1,00	1,60
32	4,20	**1,47**	1,05	1,68
34	4,40	1,54	1,10	1,76
36	4,60	1,61	1,15	1,84
38	4,80	1,68	1,20	1,92
40	5,00	1,75	1,25	2,00
42	5,20	1,82	1,30	2,08
44	5,40	1,89	1,35	2,16
46	5,60	1,96	1,40	2,24
48	5,80	2,03	1,45	2,32
50	6,00	2,10	1,50	2,40
52	6,20	2,17	1,55	2,48
54	6,40	2,24	1,60	2,56
56	6,60	2,31	1,65	2,64
58	6,80	2,38	1,70	2,72
60	7,00	2,45	1,75	2,80
62	7,20	2,52	1,80	2,88
64	7,40	2,59	1,85	2,96
66	7,60	2,66	1,90	3,04
68	7,80	2,73	1,95	3,12
70	8,00	2,80	2,00	3,20
72	8,20	2,87	2,05	3,28
74	8,40	2,94	2,10	3,36
76	8,60	3,01	2,15	3,44
78	8,80	3,08	2,20	3,52
80	9,00	3,15	2,25	3,60

Sauerstoffmessung für OC- und Rebreather-Taucher

Anhang 18   Prüfprotokoll ppO$_2$-Monitor - Blatt 1

Messblatt ppO$_2$-Display

Name, Vorname & Tauchpartner :					
Ort/Tauchplatz :					
Datum / Uhrzeit (Beginn TG) :					
	Luftdruck (1) [mbar]	Luftdruck (2) [mbar]	Temperatur (2) [°C]	Luftfeuchte (2) [%]	Höhe ü.N.N. [m]
Wetterdaten örtlich :					

1 = Greisinger GPB1300, 2 = örtliche Wettermess-Station

verwendetes Tauchgerät :					
verwendetes Gas / Bedüsung :	EAN 32	EAN 40	EAN50	EAN60	O2
gemessener O$_2$-Anteil :					

verwendeter Sensor :	
Bemerkungen zum Sensor :	

verwendetes ppO$_2$-Display :	
Bemerkungen zum ppO$_2$-Display :	
Kalibrierung ppO$_2$-Display :	bar
Anzeigewert im Gas ppO$_2$-Display :	bar

zugeh. Tauchgangskontrollblatt :	
Zweck des Tauchganges :	

Bemerkungen :

Datum, Unterschrift : _____

- Blatt 1 von 2

© Helge Weber

Anhang 18   Prüfprotokoll ppO$_2$-Monitor - Blatt 2

Messblatt ppO$_2$-Display

	Faden [m]	Uwatec [m]	Vytec [m]	ppO2 [bar]	ppO2 [errechnet]
	0,0				1,00
	0,5				1,05
	1,0				1,10
	1,5				1,15
	2,0				1,20
	2,5				1,25
	3,0				1,30
	3,5				1,35
	4,0				1,40
	4,5				1,45
	5,0				1,50
	5,5				1,55
	6,0				1,60
	6,5				1,65
	7,0				1,70
	7,5				1,75
	8,0				1,80
	8,5				1,85
	9,0				1,90
	9,5				1,95
	10,0				2,00

- Blatt 2 von 2

Sauerstoffmessung für OC- und Rebreather-Taucher

Anhang 19 Prüfprotokoll ppO$_2$-Monitor mit Daten - Blatt 1

Messblatt ppO$_2$-Display

Name, Vorname & Tauchpartner :	Weber, Helge & Heinze, Britta
Ort/Tauchplatz :	Inheidener See vor DLRG-Station von Wetterau 1
Datum / Uhrzeit (Beginn TG) :	15.09.2006, 18.15 Uhr

	Luftdruck (1) [mbar]	Luftdruck (2) [mbar]	Temperatur (2) [°C]	Luftfeuchte (2) [%]	Höhe ü.N.N. [m]
Wetterdaten örtlich :	992	991	26	72	114

1 = Greisinger GPB1300, 2 = örtliche Wettermess-Station

verwendetes Tauchgerät :	Dräger Dolphin Black von Helge				
verwendetes Gas / Bedüsung :	EAN 32	EAN 40	EAN50	EAN60	O2
gemessener O$_2$-Anteil :	-----	-----	-----	-----	99,8

verwendeter Sensor :	EnviteC OOD101; 1. Charge
Bemerkungen zum Sensor :	gestern aus OVP; 9,44 mV

verwendetes ppO$_2$-Display :	455 101-1 rev. 3; Gehäuse alt
Bemerkungen zum ppO$_2$-Display :	Batterie neu, 1. Test mit Tafelbuchse
Kalibrierung ppO$_2$-Display :	0,209 bar
Anzeigewert im Gas ppO$_2$-Display :	0,994 bar

zuge. Tauchgangskontrollblatt :	Nr. 01/2006
Zweck des Tauchganges :	Ermittlung der Kennlinie bis 2,0 bar

Bemerkungen :

- Poolbedüsung Dräger T53 291
- Dolphin ohne Teilbefüllung
- Tauchgang an Ankerseil mit Mess-Schnur

Datum, Unterschrift : 15.09.2006, Helge Weber

- Blatt 1 von 2

© Helge Weber

Anhang 19   Prüfprotokoll ppO₂-Monitor mit Daten - Blatt 2

Messblatt ppO2-Display

	Faden [m]	ppO2 [bar]	ppO2 [bar]	ppO2 [bar]	ppO2 [bar]
	0,0	1,00	0,902	0,983	1,000
	1,0	1,10	1,015	1,042	1,047
	2,0	1,20	1,128	1,166	1,133
	3,0	1,30	1,233	1,257	1,306
	4,0	1,40	1,294	1,378	1,403
	5,0	1,50	1,400	1,489	1,537
	6,0	1,60	1,538	1,660	1,589
	7,0	1,70		1,654	1,685
	8,0	1,80		1,747	1,783
	9,0	1,90		1,840	1,899
	10,0	2,00		1,980	1,997

- Blatt 2 von 2

Anhang 19   Prüfprotokoll ppO$_2$-Monitor mit Daten - Auswertung

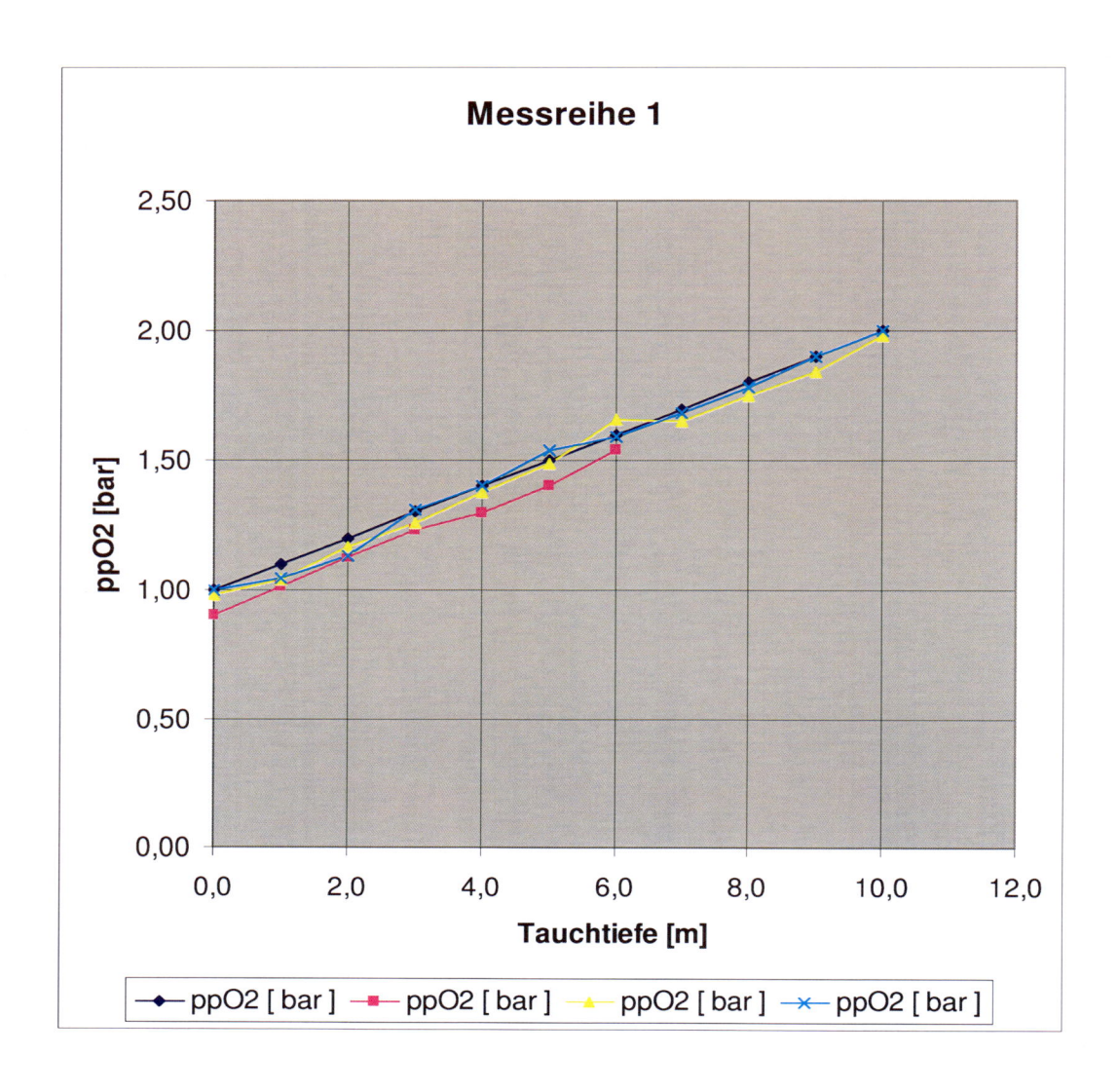

Messreihe 1

Anhang 20 Vergleichstabelle Sensoren 1

	R-10DS	R-17	R-17D	R-22D
Hersteller	Teledyne AI	Teledyne AI	Teledyne AI	Teledyne AI
Anwendung	Tauchen	Medizin	Tauchen	Tauchen
Anschluss	Kabel	3,5 mm Klinke	3,5 mm Klinke	3 pin Molex
Ausgangsspannung	25 +/- 2mV	10,5 +/- 2,5mV	10,5 +/- 2,5mV	10,5 +/- 2,5mV
Messbereich	0-1 ATM PO_2	0-1 ATM PO_2	0-1 ATM PO_2	0-1 ATM PO_2
Genauigkeit	+/- 1% of FS	+/- 1% of FS	+/- 1% of FS	+/- 1% of FS
Ansprechzeit	90% in < 6 sec.	90% in < 6 sec.	90% in < 6 sec.	90% in < 6 sec.
Betriebstemperatur	0-40 Grad C	0-40 Grad C	0-40 Grad C	0-40 Grad C
Lagertemperatur	0-50 Grad C	0-50 Grad C	0-50 Grad C	0-50 Grad C
Lastwiderstand	6 KOhm	10 KOhm	10 KOhm	10 KOhm
kompatibel mit :				
MaVoTec	---	---	---	---
Teledyne	xxx	xxx	xxx	xxx
Envitec	---	OOM102-1	---	---
IT Sensors	---	---	D-01	---
Analytical Ind.	PSR-11-33-NM1		PSR-11-39-JD	PSR-11-39-MD
eingesetzt in:	1	2	3	4

Anhang 20   Vergleichstabelle Sensoren 2

	R-22DHO	K1D	PSR-11-39-MD	PSR-11-39-MDSX
Hersteller	Teledyne AI	Teledyne AI	AI Inc.	AI Inc.
Anwendung	Tauchen	Tauchen	Tauchen	Tauchen
Anschluss	3 pin Molex	kleinste Bauform	3 pin Molex	2 pin Molex
Ausgangsspannung	25 +/- 2mV	10 +/- 3mV	8,5 - 13 mV	8,5 - 13 mV
Messbereich	0-1 ATM PO_2	0-2 ATM PO_2	0-100 % O_2	0-100 % O_2
Genauigkeit	+/- 1% of FS	+/- 1% of FS	+/- 1%	+/- 1%
Ansprechzeit	90% in < 6 sec.	90% in < 10 sec.	90% in < 6 sec.	90% in < 6 sec.
Betriebstemperatur	0-40 Grad C	0-40 Grad C	0-40 Grad C	0-40 Grad C
Lagertemperatur	0-50 Grad C	0-50 Grad C	0-50 Grad C	0-50 Grad C
Lastwiderstand	3,2 KOhm	min. 100 KOhm	keine Angabe	keine Angabe
kompatibel mit :				
MaVoTec	---	---	---	---
Teledyne	xxx	xxx	R-22D	---
Envitec	---	---	---	---
IT Sensors	D-12	---	D-05	---
Analytical Ind.	PSR-11-39-MD1	---	xxx	xxx
eingesetzt in:	5	6	7	8

Anhang 20   Vergleichstabelle Sensoren 3

	OOD101	OOD101-1	OOM102	OOM102-1
Hersteller	Envitec	Envitec	Envitec	Envitec
Anwendung	Tauchen	Tauchen	Medizin	Medizin
Anschluss	3 pin Molex	3,5 mm Klinke	3 pin Molex	3,5 mm Klinke
Ausgangsspannung	7 - 13 mV	7 - 13 mV	9 - 13 mV	9 - 13 mV
Messbereich	0-100 % Oxygen	0-100 % Oxygen	0-100 % Oxygen	0-100 % Oxygen
Genauigkeit	< 1 % vol. O_2	< 1 % vol. O_2	< 1 % vol. O_2	< 1 % vol. O_2
Ansprechzeit	90% in < 5 sec.	90% in < 5 sec.	90% in < 13 sec.	90% in < 13 sec.
Betriebstemperatur	0-50 Grad C	0-50 Grad C	0-50 Grad C	0-50 Grad C
Lagertemperatur	5-15 Grad C	5-15 Grad C	5-15 Grad C	5-15 Grad C
Lastwiderstand	>/=10 KOhm	>/=10 KOhm	>/=10 KOhm	>/=10 KOhm
kompatibel mit :				
MaVoTec	---	Sensor 5900	Sensor 6010	Sensor 6000
Teledyne	---	---	R22	R17
Envitec	xxx	xxx	xxx	xxx
IT Sensors	---	---	---	---
Analytical Ind.	---	---	---	---
eingesetzt in:	9	10	11	12

Anhang 21   Vergleichstabelle Sensoren – Geräte

Referenz zu 1	R-10DS
Rebreather	MK 15/15.5, SM1600
Rebreather	MK 16

Referenz zu 2	R-17 OOM102-1 Sensor 6000
Analyser	MiniOx
Analyser Vandergraph	VN202
Analyser Weber	Oxy Test A

Referenz zu 3	R-17D D-01
Analyser DiveRite	VT1
Analyser OxyCheq	ElCheapo
Analyser TAI	AD300
Analyser TAI	MD300
Analyser Vandergraph	VN202
Analyser Weber	Oxy Test A
ppO_2 Weber	V-Oxy

Referenz zu 4	R-22D D-05
Analyser	Oxyspy
Computer	VR3
ppO_2 Uwatec	Oxy 2
Rebreather	CCR-2000
Rebreather	Kiss
Rebreather	Megalodon

Referenz zu 8	OOD101-1 Sensor 5900
Analyser MaVoTec	QxiQuant RD
Analyser MaVoTec	Qxylyser B

Literaturverzeichnis

[01] VDST Nitroxmanual Bronze
        zu beziehen über den VDST

[02] VDST Nitroxmanual Silber
        zu beziehen über den VDST

[03] VDST Gasmischer Manual
        zu beziehen über den VDST

[04] RAB User Manual für das SCR Dolphin
        zu beziehen über den VDST

[05] RAB User Manual für das SCR Ray
        zu beziehen über den VDST

[06] User Manual für das SCR Dolphin und Ray
        zu beziehen über NRC

[07] Workbook für das SCR Dolphin und Ray
        zu beziehen über NRC

[08] Gebrauchsanweisung Mischgas-Kreislaufgerät Dolphin
        zu beziehen über DrägerSafety AG & Co. KGaA

[09] Gebrauchsanweisung Mischgas-Kreislaufgerät Ray
        zu beziehen über DrägerSafety AG & Co. KGaA

[10] Gebrauchsanweisung Rebreather SCR 100 ST und CCR 100 SMS
        zu beziehen über SUBMATIX GmbH & Co. KG

[11] Rebreather Tauchen
        Steve Barsky, Mark Thurlow und Mike Ward
        ISBN 3-933680-03-4

[12] Rebreather Manual Nitrox
        Dr. Dietmar Lüchtenberg (Hrsg.)
        zu beziehen über den VDST

[13] Rebreather-Tauchen
        Dr. Dietmar Lüchtenberg
        ISBN 3-89124-628-5

[14] Mastering Rebreathers
        Jeffrey E. Bozanic
        ISBN 0-941332-96-9

[15] The Practice of Oxygen Measurement for Divers
        J.S. Lamb
        ISBN 0-941332-68-3

[16] Tauchen mit Sauerstoff-Kreislaufgeräten
        Waldemar Boczek, Jens Hilbert
        ISBN 978-3-7688-2422-4

[17] Tek Closed Circuit Rebreather
        Tom Mount, David Sawatzky, Jörg Hess
        ISBN 0-915539-07-1

[18] CCR Trimix Simplified
        Dr. Mel Clark
        zu beziehen über SilentScuba

[19] CCR Trimix Simplified
        Dr. Mel Clark
        ISBN 1-931451-12-5

Abkürzungen

ADV	Automatic Diluent Valve
CCR	Closed-Circuit Rebreather
CMAS	Confèderation Mondiale des Actitès Subaquatiques
DIVA	Display Integrated Vibrating Alarm
DLRG	Deutsche-Lebens-Rettungs-Gesellschaft
DPV	Diver Propulsion Vehicle
DSV	Dive Surface Valve
DTG	Druckluft-Tauchgerät
EANx	mit Sauerstoff angereicherte Luft, Nitrox, Enriched Air, x = O_2-Anteil
EAD	Equivalent Air Depth (äquivalente Luft-Tiefe) in [m]
EAP	Equivalent Air Pressure (äquivalente Luft-Druck) in [bar]
fO_2^{Ende}	fraction Sauerstoff Zielgas als Dezimalzahl
fN_2^{Ende}	fraction Stickstoff Zielgas als Dezimalzahl
fO_2^{Rest}	fraction Sauerstoff Restgas als Dezimalzahl
fN_2^{Rest}	fraction Stickstoff Restgas als Dezimalzahl
GUV-R	Regeln für Sicherheit und Gesundheitsschutz
HTSV	Hessischer Tauchsport Verband
DSV	Dive Surface Valve
HID	High Intensity Discharge (Gasentladungslampe)
IANTD	International Association of Nitrox and Technical Divers
KTG	Kreislauftauchgerät
LED	Light Emitting Diode
MOD	Maximum Operating Depth (maximale operative Tauchtiefe) in [m]
MOP	Maximum Operating Pressure (maximaler operativer Druck) in [bar]
NACD	National Association of Cave Divers

NSS	National Speleological Society
NSS/CDS	National Speleological Society / Cave Diving Section
$N_2^{\%Rest}$	Stickstoffanteil Restgas in %
$O_2^{\%Rest}$	Sauerstoffanteil Restgas in %
ppO_2	Sauerstoffteildruck in [bar]
p^{Ende}	Enddruck des Zielgases in [bar]
pO_2^{Ende}	Teildruck Sauerstoff Zielgas in [bar]
pN_2^{Ende}	Teildruck Stickstoff Zielgas in [bar]
p^{Rest}	Restdruck des STGs in [bar]
pO_2^{Rest}	Teilrestdruck Sauerstoff in [bar]
pN_2^{Rest}	Teilrestdruck Stickstoff in [bar]
$p^{benötigt\ Luft}$	benötigter Druck Luft in bar
$pO_2^{topp\ benötigt}$	benötigter Druck Sauerstoff in bar
Premix	andere Bezeichnung für Nitrox, hier fertiges Gemisch für Rebreather
RAB	Rebreather Advisory Board
SCR	Semi-Closed Rebreather
STG	Sauerstoff-Tauchgerät

Abbildungsverzeichnis

Bild 01:	Sauerstoffsensor
Bild 02:	Sauerstoffsensor mit Flow-Diverter
Bild 03:	Sauerstoffsensor an Multimeter
Bild 04:	Kennlinie Sauerstoffsensor
Bild 05:	Datenblatt Sauerstoffsensor
Bild 06:	Simulator Frontansicht
Bild 07:	Simulator Rückansicht
Bild 08:	Versuchsaufbau Sauerstoffmessgerät
Bild 09:	Schaltskizze Sauerstoffmessgerät
Bild 10:	Sauerstoffmessgerät
Bild 11:	Platine Sauerstoffmessgerät
Bild 12:	Kalibrieren des Messgerätes
Bild 13:	Öffnen des Ventils
Bild 14:	Ablesen des Messwertes
Bild 15:	Flow-Diverter
Bild 16:	Gasentnahme mit Adapter für DIN-Flasche
Bild 17:	Gasentnahme mit zusätzlichem Durchflussmesser
Bild 18:	Schnelle Gasentnahme mit „T-Stück"
Bild 19:	Schnelle Gasentnahme mit „Quick-Ox"
Bild 20:	Etikettierung der MOD
Bild 21:	Etikettierung des Gases
Bild 22:	Typisches He-Messgerät
Bild 23:	Einteilung von Kreislauftauchgeräten
Bild 24:	Zusammenfassung Kreislauftauchgeräte
Bild 25:	Schaltschema SCR (Quelle: Submatix)
Bild 26:	Schaltschema CCR (Quelle: Submatix)
Bild 27:	Schaltschema emCCR (Quelle: Submatix)
Bild 28:	Rebreather mit geschlossenem Gehäuse (Quelle: Submatix)
Bild 29:	Rebreather mit geöffnetem Gehäuse
Bild 30:	Prinzipskizze eines SCR Quelle: Submatix)
Bild 31:	Schaltplan
Bild 32:	Zusammenhang Partialdruck O_2 und Sensorausgangsspannung in mV
Bild 33:	ppO_2-Monitor
Bild 34:	Einschalten des ppO_2-Monitor
Bild 35:	Die Anzeigeeinheit unter Wasser
Bild 36:	Platine ohne Batterie
Bild 37:	Rückansicht der Platine
Bild 38:	Platine mit Batterie und angeschlossenem Sensor
Bild 39:	Sensoreinheit im Einatembeutel des Dräger „Dolphin"
Bild 40:	Sensoreinheit im Kalkbehälter des Dräger „Ray"
Bild 41:	Sensoreinheit S-Con (Quelle: Submatix)
Bild 42:	Analyse Premix mit dem ppO_2-Monitor
Bild 43:	Höhentabelle
Bild 44:	Anzeigeeinheit Oxyscan (Quelle: Submatix)
Bild 45:	Prinzipskizze eines mCCR (Quelle: Submatix)
Bild 46:	Redundanter Monitor für mCCR (Quelle: Submatix)
Bild 47:	Zwei Sensoren im MSK (Quelle: Submatix)
Bild 48:	Drei Sensoren im MSK (Quelle: Submatix)
Bild 49:	Komplettelektronik für mCCR (Quelle: Submatix)
Bild 50:	Head-up Display an Atemschlauch (Quelle: Submatix)
Bild 51:	Überprüfen der Sensorik mit Sauerstoff (Quelle: Submatix)

Bild 52:	Prinzipskizze eines emCCR	(Quelle: Submatix)
Bild 53:	Vorderansicht eines eCCR	(Quelle: DiveRite)
Bild 54:	Rückansicht eines eCCR	(Quelle: DiveRite)
Bild 55:	CCR-tauglicher Tauchcomputer	(Quelle: Shearwater)

Links im Internet

Verfasser:

www.HelgeWeber.de   Helge Weber

Ausbildungsorganisationen für das Tauchen mit Rebreathern:

www.barakuda.de	Barakuda International Aquanautic-Club
www.htsv.de	Verband Hessischer Sporttaucher
www.rab-ev.de	Rebreather Advisory Board e.V.
www.vdst.de	Verband Deutscher Sporttaucher

Hersteller und Distributoren für Sensoren:

www.aii1.com	Analytical Instruments Inc.
www.envitec.com	EnviteC Wismar GmbH
www.it-wismar.de	IT Dr. Gambert GmbH
www.maxtecinc.com	Maxtec
www.oxycheq.com	Oxycheq
www.teledyne-ai.com	Teledyne Analytical Instruments

Hersteller und Distributoren von Rebreathern:

www.apdiving.com	Ambient Pressure Diving
www.ccrb.co.uk	Closed Circuit Research
www.diverite.com	DiveRite
www.halcyon.net	Halcyon
www.kissrebreathers.com	Jetsam Technologies Ltd.
www.customrebreathers.com	Innerspace Systems Corp.
www.submatix.com	Submatix GmbH & Co. KG
www.technologyindepth.com	Technology in Depth

Hersteller und Distributoren von Tauchcomputern für Rebreathern:

www.vr3.co.uk	Delta P Technology Limited
www.hs-eng.com	HydroSpace Engineering Inc.
www.rebreather.ca	Shearwater Research Inc.

Foren:

www.taucher.net
www.therebreathersite.nl

Sonstige:

www.ppo2.com   Marc Munro